Administração financeira de curto prazo

COLEÇÃO PRÁTICAS DE GESTÃO

Série
Finanças

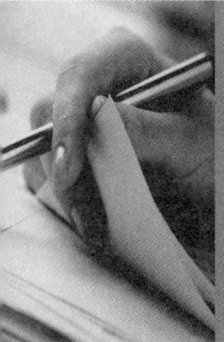

Administração financeira
de curto prazo

Rodrigo Mariath Zeidan

Copyright © 2014 Rodrigo Zeidan

Direitos desta edição reservados à
Editora FGV
Rua Jornalista Orlando Dantas, 37
22231-010 I Rio de Janeiro, RJ I Brasil
Tels.: 0800-021-7777 I 21-3799-4427
Fax: 21-3799-4430
editora@fgv.br I pedidoseditora@fgv.br
www.fgv.br/editora

Impresso no Brasil I Printed in Brazil

Todos os direitos reservados. A reprodução não autorizada desta publicação, no todo ou em parte, constitui violação do copyright (Lei nº 9.610/98).

Os conceitos emitidos neste livro são de inteira responsabilidade do(s) autor(es).

1ª edição – 2014; 1ª reimpressão – 2016.

Preparação de originais: Sandra Frank
Projeto gráfico: Flavio Peralta / Estudio O.L.M.
Diagramação: Ilustrarte Design e Produção Editorial
Revisão: Fátima Carone e Aleidis Beltran
Capa: aspecto:design
Imagem da capa: © Dmitriy Shironosov I Dreamstime.com

Ficha catalográfica elaborada pela
Biblioteca Mario Henrique Simonsen/FGV

> Zeidan, Rodrigo M.
> Administração financeira de curto prazo / Rodrigo Zeidan. Rio de Janeiro: Editora FGV, 2014.
> 100 p. – (Práticas de gestão)
>
> Inclui bibliografia.
> ISBN: 978-85-225-1486-1
>
> 1. Administração financeira. I. Fundação Getulio Vargas. II. Título. III. Série.
>
> CDD – 658.15

Sumário

Apresentação 7

Capítulo 1. Principais conceitos e definições 9

    Capital de giro: liquidez e capital circulante líquido. 9
    Rentabilidade do ativo: capital circulante líquido (CCL) *versus* ativo permanente (AP) . 13
    Estratégias de gerência de caixa de curto prazo 15
    Fontes de financiamento de curto prazo 17
    Exercício 24
    Capital de giro e orçamento de caixa. 30
    Administração do caixa 34
    Capital de giro, caixa e índices de liquidez 37

Capítulo 2. Ponto de equilíbrio 39

    Ponto de equilíbrio operacional, contábil, econômico e financeiro 39
    Custo médio. 40
    Estrutura de custos e economias de escala: o ponto de equilíbrio (*break-even point*) . 42
    Diferenças entre equilíbrio operacional, contábil, financeiro e econômico 49
    Ponto de equilíbrio para uma empresa multiproduto 53
    Margem de segurança 61
    Grau de alavancagem operacional (GAO) 64
    Exercício 67

Capítulo 3. Lote econômico e alavancagem financeira 73

    Modelo de lote econômico de compra 73
    Alavancagem financeira 79
    Administrando o GAF 81
    Exercício 82

Capítulo 4. Controle e planejamento 85

    Controle e planejamento financeiro 85
    Demonstrações financeiras projetadas 87

Bibliografia 97

Sobre o autor 99

Apresentação

A Fundação Getulio Vargas (FGV) foi fundada em 1944 com o objetivo de contribuir para o desenvolvimento do Brasil, por meio da criação e da difusão de técnicas e ferramentas de gestão. Em sintonia com esse objetivo, em 1952 a FGV, comprometida com a mudança nos padrões administrativos do setor público, criou a Escola Brasileira de Administração Pública (Ebap). Em seus mais de 60 anos de atuação, a Ebap desenvolveu competências também na área de administração de empresas, o que fez com que seu nome mudasse para Escola Brasileira de Administração Pública e de Empresas (Ebape).

A partir de 1990, a FGV se especializou na educação continuada de executivos, consolidando-se como líder no mercado de formação gerencial no país, tanto em termos de qualidade quanto em abrangência geográfica dos serviços prestados. Ao se fazer presente em mais de 100 cidades no Brasil, por meio do Instituto de Desenvolvimento Educacional (IDE), a FGV se tornou um relevante canal de difusão de conhecimentos, com papel marcante no desenvolvimento nacional.

Nesse contexto, a Ebape, centro de excelência na produção de conhecimentos na área de administração, em parceria com o programa de educação a distância da FGV (FGV Online) tem possibilitado que o conhecimento chegue aos mais distantes lugares, atendendo à sociedade, a executivos e a empreendedores, assim como a universidades corporativas, com projetos que envolvem diversas soluções de educação para essa modalidade de ensino, de *e-learning* à TV via satélite.

A Ebape, em 2007, inovou mais uma vez ao ofertar o primeiro curso de graduação a distância da FGV, o Curso Superior em Tecnologia em Processos Gerenciais, o qual, em 2011, obteve o selo CEL (teChnology-Enhanced Learning Accreditation) da European Foundation for Management Development (EFMD), certificação internacional baseada em uma série de indicadores de qualidade. Hoje, esse é o único curso de graduação a distância no mundo a ter sido certificado pela EFMD-CEL. Em 2012, o portfólio de cursos Superiores de Tecnologia a distância diplomados pela Ebape aumentou significativamente, incluindo áreas como gestão comercial, gestão financeira, gestão pública e marketing.

Cientes da relevância dos materiais e dos recursos multimídia para esses cursos, a Ebape e o FGV Online desenvolveram os livros que compõem a Coleção Práticas de Gestão com o objetivo de oferecer ao estudante – e a outros possíveis leitores – conteúdos de qualidade na área de administração. A coleção foi elaborada com a consciência de que seus volumes ajudarão o leitor a responder, com mais segurança, às mudanças tecnológicas e sociais de nosso tempo, bem como às suas necessidades e expectativas profissionais.

Flavio Carvalho de Vasconcelos
FGV/Ebape
Diretor

www.fgv.br/ebape

Capítulo 1

Principais conceitos e definições

As empresas de hoje nunca tiveram de enfrentar tantos riscos. Para administrar situações difíceis assim, é preciso preparar-se adequadamente a fim de que desafios espinhosos não surpreendam o desempenho dessas empresas. Desse modo, conceitos como *liquidez de ativos financeiros* e *capital circulante líquido* nos levam a revisitar alguns dos principais conceitos da contabilidade para que, a partir desse instrumental, possamos definir estratégias de ação a fim de administrar os riscos, pois, quanto mais baixo o risco que as empresas oferecem, maior a confiança de financiadores e credores, o que é fundamental para alavancar as operações daquelas.

Capital de giro: liquidez e capital circulante líquido

Dentro da administração financeira de curto prazo, um dos conceitos mais importantes para a gerência de fluxo de caixa é o de *liquidez*.

A liquidez de um ativo financeiro equivale à facilidade de administrá-lo nas transações cotidianas – quanto mais facilmente negociável, mais líquido é o ativo financeiro.

O ativo financeiro mais líquido de todos é a moeda do país, no caso do Brasil, o real. Isso porque se pode comprar qualquer bem, dentro da

EXEMPLO

Uma conta de poupança é mais líquida do que um imóvel, pois, enquanto para comprar bens ou serviços com o dinheiro da poupança somente é necessário fazer um cheque, para fazer o mesmo com um imóvel é necessário incorrer em determinados custos, peculiares a esse tipo de transação (como anúncios, impostos, taxas etc.) e esperar o imóvel ser vendido.

economia brasileira, com moedas e cédulas de reais. Pelo fato de todos aceitarem reais como meio de pagamento, o real é o ativo financeiro mais líquido da economia brasileira.

No caso do balanço patrimonial, analisando-se o lado do ativo total da empresa, pode-se perceber facilmente que o ativo circulante (AC) representa a parte líquida, enquanto o ativo permanente (AP) – o imobilizado, por exemplo – representa a parte menos líquida do ativo total (AT).

Por que a análise da liquidez do AT é importante para a empresa? Toda empresa possui obrigações, sejam de curto prazo (passivo circulante – PC), ou de longo prazo (passivo exigível de longo prazo – ELP). Em qualquer dos casos, essas obrigações são pagas com o ativo e as receitas geradas por este.

> **EXEMPLO**
>
> Os salários (parte do PC) podem ser pagos com saque do caixa (parte do AC). Quanto mais líquido o ativo total da empresa, maior a possibilidade de ela honrar seus compromissos de curto prazo.

Essa capacidade de honrar os compromissos de curto prazo pode ser medida pelo conceito de capital circulante líquido (CCL).

De modo geral, se CCL > 0, a empresa tem a capacidade de honrar os compromissos de curto prazo (PC) assumidos.

> **CONCEITO-CHAVE**
>
> O CCL mede a liquidez estática da empresa – estática porque se relaciona com o balanço patrimonial da empresa –, e é igual a AC – PC. Então, CCL = AC – PC.

Importante salientar que nem sempre esse indicador (= CCL > 0) é eficaz, pois, dentro da estrutura das contas de ativo circulante e passivo circulante, existem lançamentos com diferentes graus de liquidez.

Como exemplo, suponha uma empresa com as contas demonstradas no quadro 1.

QUADRO 1: ATIVO E PASSIVO CIRCULANTES (EM R$ MIL)

Ativo circulante		Passivo circulante	
Caixa	100	Empréstimos	500
Bancos	100	Fornecedores	100
Estoques	1.000	Salários	200
Total	1.200	Total	800

No caso do quadro 1, CCL = AC – PC = 1.200 – 800 = 400. O valor de R$ 400.000, então, é a folga de caixa de curto prazo da empresa, o CCL é de R$ 400.000.

Contudo, mesmo dentro da estrutura do ativo circulante, diferentes contas podem ter diferentes graus de liquidez.

> **EXEMPLO**
>
> Como exemplo, no lado do AC, recursos em bancos e em aplicações de liquidez imediata remuneram com juros a empresa, enquanto impostos a recuperar e estoques não o fazem.
> No lado do PC, por sua vez, empréstimos e financiamentos e adiantamento de clientes geram custos de juros para a empresa; são, portanto, fontes onerosas de recursos, enquanto fornecedores e impostos a pagar não o são.

Caixas e bancos são mais líquidos que estoques, pois são recursos de disponibilidade imediata, enquanto há certos custos de transação para transformar estoques em recursos disponíveis.

O conceito econômico de custos de transação representa custos financeiros, não relacionados com a origem da operação, para efetuá-la.

Além disso, bancos são mais líquidos que estoques, pois os primeiros são recursos disponíveis imediatamente, enquanto os estoques de matéria-prima precisam ser transformados em produtos acabados para ser vendidos aos clientes e deles cobrados.

> **EXEMPLO**
>
> Uma empresa cujo CCL seja positivo, mas que tenha de vender seus estoques rapidamente para pagar compromissos do passivo circulante pode ter de se desfazer desses estoques por preço inferior ao de mercado, gerando perdas. Daí o estoque ser menos líquido.

Apenas quando os clientes pagarem, a empresa disporá dos recursos financeiros.

Além disso, dentro da estrutura do AC e do PC, podem-se dividir as contas em remuneradas (onerosas) e não remuneradas (não onerosas).

Existe outra forma de visualizar o conceito de CCL: se CCL > 0, isso significa que a empresa está tomando financiamento de longo prazo de terceiros e/ou usando seu patrimônio líquido para *fechar* suas contas de curto prazo.

Isso porque, se CCL > 0, temos que AC > PC; por outro lado, se AC > PC, temos que RLP (realizável em longo prazo) + AP < PL (patrimônio líquido) + ELP.

CCL = (PL + ELP) – AI (ativo imobilizado) – RLP.

> **EXEMPLO**
>
> Todas essas contas podem ser resumidas da seguinte forma: se o AC é maior que o PC – e daí CCL positivo –, isso significa que o resto do ativo total é menor que o resto do passivo total mais patrimônio líquido – isso decorre da equação do balanço patrimonial, em que o AT tem que ser igual ao PT (patrimônio total) + PL.

Dessa forma, para completar o quadro da liquidez patrimonial de curto prazo, uma empresa deve ser analisada não somente pelo indicador de CCL, mas também pelas composições de AC e PC.

Um AC como no quadro 1 não somente apresenta baixa liquidez – pois se concentra em estoques –, mas também gera pouca remuneração para a empresa.

Por outro lado, no PC, a participação de empréstimos e financiamentos é significativa – 500 –, o que onera a empresa pelo pagamento de juros e resulta em possíveis pressões futuras sobre o fluxo de caixa da empresa.

Braga (1995) mostra isso graficamente (figura 1).

FIGURA 1: DUAS FORMAS DE VISUALIZAR O CCL

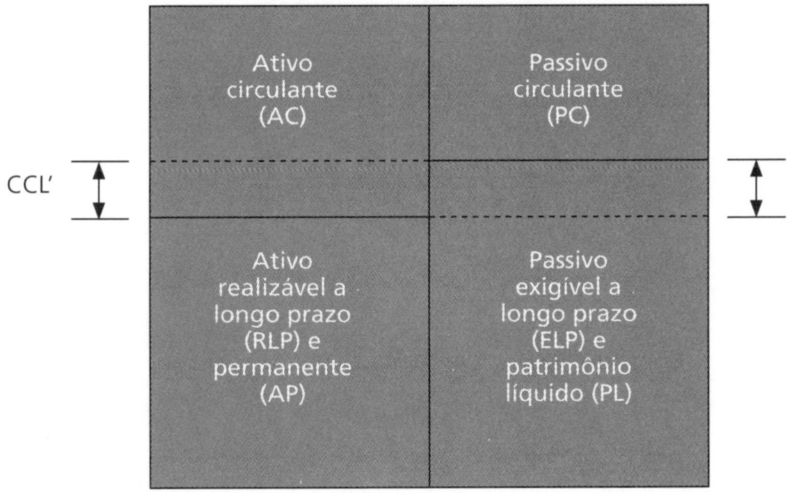

Ativo circulante (AC)	Passivo circulante (PC)
Ativo realizável a longo prazo (RLP) e permanente (AP)	Passivo exigível a longo prazo (ELP) e patrimônio líquido (PL)

CCL' (à esquerda), CCL" (à direita)

Fonte: adaptado de Braga (1995:84).

Há, então, duas formas de se visualizar um CCL positivo: há *sobra* de caixa de curto prazo ou, como neste último caso, recursos próprios (PL) ou de terceiros de longo prazo (ELP) financiam o caixa da empresa.

O gráfico proposto por Braga mostra as duas situações para um CCL positivo: CCL' e CCL", que equivalem a duas formas de visualizar o mesmo conceito:

(a) CCL' mostra como CCL = AC − PC, isto é, como ocorre uma *sobra* de caixa de curto prazo;

(b) CCL", por sua vez, mostra como o CCL é financiado por recursos de longo prazo ou próprios, que são parte do ELP e PL, isto é, origens não circulantes (ELP + PL) menos aplicações não circulantes (RLP + AP); portanto, CCL" = ELP + PL − RLP − AP.

Rentabilidade do ativo: capital circulante líquido (CCL) *versus* ativo permanente (AP)

Embora o conceito de CCL não seja perfeito para descrever a situação de solvência de curto prazo da empresa, é o que mais se aproxima, dentro da estrutura do balanço patrimonial, do conceito que revela a situação de curto prazo da empresa.

> **DICA**
> Na estrutura do AC e do PC, existem contas com diferentes níveis de liquidez.

Assumindo, então, que a solvência de curto prazo da empresa é representada pelo CCL, é importante perguntar qual o nível considerado ótimo para o CCL.

Em um mundo no qual a empresa consiga se planejar de forma eficiente internamente e, ainda, os riscos de eventos extremamente ruins sejam pequenos no curto prazo, a resposta, surpreendente à primeira vista, é: *zero*.

Por que zero? À primeira vista, pode ser interessante um CCL extremamente positivo. Nesse caso, a empresa apresentaria um AC suficientemente grande para saldar todos os seus compromissos de curto prazo sem apresentar nenhum problema de liquidez.

Contudo, para compreender melhor como funciona uma empresa, é preciso lembrar que empresas capitalistas operam por apostar que seus investimentos presentes gerarão lucros no futuro.

O que isso significa? Que o que gera retorno (lucro) para as empresas são investimentos bem-realizados e financiamentos bem-captados.

Dentro do balanço patrimonial, esses investimentos são contabilizados como *ativo*; já os financiamentos, como *passivo*.

Conclui-se que o que gera retorno para a empresa é ter um ativo de boa qualidade, como instalações, máquinas e equipamentos. Esses ativos geram oportunidades de maior produção, maiores vendas e maiores lucros para as empresas.

Por que, então, o CCL, em uma situação ideal, deve ser zero? Porque a sobra de caixa, caso haja, deveria, em princípio, ser imediatamente aplicada no aumento de eficiência produtiva da empresa ou na redução de seu financiamento oneroso.

No primeiro caso, a empresa compraria máquinas e equipamentos mais modernos, ampliaria sua capacidade produtiva, contrataria bons funcionários, em suma, faria investimentos que gerariam retornos futuros. Já no segundo caso, a empresa reduziria sua dívida para pagar menos encargos futuros.

O importante é compreender que um CCL muito positivo representa uma oportunidade perdida. A empresa tem recursos de sobra; estes deveriam gerar retorno, mas, se mantidos em caixa ou mesmo em bancos, ficariam parados.

EXEMPLO

Um exemplo disso é o de uma firma que utiliza sobras de caixa para investir em ampliação da sua capacidade de produção. Esse investimento leva a retornos futuros significativos.

Contudo, tal forma de gestão de fluxo de caixa é impossível porque os riscos inerentes à atividade capitalista fazem com que nem o ativo nem o passivo circulantes sejam completamente previsíveis. Daí a necessidade de alguma folga de caixa para honrar sem problemas os compromissos de curto prazo, além de servir como sinalização aos credores de que a empresa oferece baixo risco aos seus financiadores.

COMENTÁRIO

Todo empreendimento envolve uma quantidade significativa de riscos. Existem riscos operacionais, relativos à atividade produtiva da empresa (queda no preço de venda no mercado, aumento no custo de produção de um determinado insumo), riscos financeiros (relacionados a incertezas quanto a pagamentos de clientes, capacidade de honrar compromissos por parte da empresa), riscos macroeconômicos (relacionados ao ambiente no qual a empresa se insere, como aumento do desemprego, que gera menor consumo etc.). A disciplina "administração financeira de longo prazo" tem seções importantes em relação a gerenciamento de risco.

Qualquer cálculo de CCL deve levar em consideração os objetivos estratégicos da empresa:

(a) estratégias mais arriscadas levarão a folgas menores de caixa – CCLs mais próximos de zero – para aproveitar oportunidades de investimento;

(b) estratégias conservadoras requerem mais folgas de caixa e, portanto, CCLs consistentemente positivos.

A questão importante, então, passa a ser qual o nível de CCL positivo ideal.

A resposta mais simples é que *não existe estratégia ideal de gestão de fluxo de caixa e, portanto, não há nível ótimo de CCL para a empresa*.

Isso não significa que a empresa não deva administrar o CCL, mas, sim, que não existe um nível ótimo para *todas* as empresas. *Cada empresa deve procurar seu nível ótimo, que vai depender, entre outros fatores, dos seus objetivos.*

Estratégias de gerência de caixa de curto prazo

Uma empresa com uma estrutura esperada de passivo e ativo circulantes, para os próximos seis meses, apresenta-se conforme a tabela 1.

TABELA 1: PROJEÇÃO DAS CONTAS CIRCULANTES DA EMPRESA MONTRESOR PARA OS PRÓXIMOS SEIS MESES (EM R$ MIL)

	1º mês	2º mês	3º mês	4º mês	5º mês	6º mês	Média
Ativo circulante	80	90	100	70	60	110	85
Passivo circulante	100	120	150	100	80	80	105
CCL	-20	-30	-50	-30	-20	+30	-20

Analisando essa tabela, pode-se perceber que as necessidades de financiamento da empresa são, em média, de R$ 20.000.

Contudo deve-se notar que existe sazonalidade nessas necessidades, com valores que vão de – R$ 50.000 a +R$ 30.000.

O financiamento desse montante pode ser feito com recursos temporários, provenientes de linhas de empréstimos e financiamentos, ou pela desmobilização de ativos de longo prazo para aumentar o ativo circulante.

No primeiro caso, a empresa aumentará temporariamente seu ativo circulante para tornar o CCL zero nos próximos meses.

No segundo caso, a empresa muda a estrutura do ativo total para manter um ativo circulante maior e, consequentemente, um CCL positivo. O resultado final seria o da tabela 2.

TABELA 2: ESTRATÉGIA AGRESSIVA DE GESTÃO DE CCL DE CURTO PRAZO (EM R$ MIL)

	1º mês	2º mês	3º mês	4º mês	5º mês	6º mês	Média
Ativo circulante	80	90	100	70	60	110	85
Passivo circulante	100	120	150	100	80	80	105
CCL	-20	-30	-50	-30	-20	+30	-20
Financiamento de longo prazo	+20	+30	+50	+30	+20	-30	+20
Novo ativo circulante	100	110	150	100	80	80	0
Novo CCL	0	0	0	0	0	0	0

> **CONCEITO-CHAVE**
>
> *Estratégia agressiva* é quando a empresa toma recursos (a serem pagos no longo prazo) no mercado na exata medida de suas necessidades de financiamento de curto prazo. Isso significa que a empresa vai manter, na verdade, um CCL próximo de zero com recursos temporários.

> **SAZONALIDADE**
>
> Variação cíclica na oferta ou demanda de determinado insumo, serviço ou produto ao longo do tempo.

É importante notar que o financiamento captado pela empresa pode representar um aumento de ativo circulante pela entrada em caixa ou bancos, mas também pode ser utilizado para diminuir o passivo circulante através do pagamento de alguma conta, como despesas de juros.

A conclusão da tabela 2 reforça a ideia de estratégia agressiva: a empresa toma financiamentos de longo prazo na exata medida de suas necessidades de curto prazo. Evidentemente, nesta, como em qualquer estratégia dita agressiva, vários riscos estão envolvidos na sua aplicação.

Por exemplo, a projeção dessas necessidades pode apresentar resultados diferentes na realidade, e a empresa pode apresentar maiores necessidades de financiamento do que o projetado na tabela; a firma pode perder o direito às linhas de financiamento etc.

Uma observação interessante pode ser feita sobre o valor de – 30 para o financiamento de longo prazo no sexto mês: um financiamento negativo é resultado de um CCL positivo, o que significa que a empresa tem sobra de caixa.

Como deixar parada uma quantia de dinheiro significa a perda de custos de oportunidade, a empresa deve *financiar* esses recursos. No caso, pode aplicá-los em um banco ou mesmo utilizá-los, como imobilizado, para algum projeto de investimento.

> **CONCEITO-CHAVE**
>
> *Estratégia conservadora* é quando a empresa desmobiliza ativos – por exemplo, com a venda de equipamentos – na exata medida de suas necessidades de financiamento. Isso significa desmobilizar recursos da ordem de R$ 50.000 e obter, ao longo do período, um CCL de no mínimo zero na fase de CCL mais negativo, mas com folga de caixa nos outros meses. A empresa vai financiar o CCL com recursos que satisfaçam maximamente às suas necessidades.

Vejamos mais um exemplo na tabela 3.

TABELA 3: ESTRATÉGIA CONSERVADORA DE GESTÃO DE CCL DE CURTO PRAZO

	1º mês	2º mês	3º mês	4º mês	5º mês	6º mês	Média
Ativo circulante	80	90	100	70	60	110	85
Passivo circulante	100	120	150	100	80	80	105
CCL	-20	-30	-50	-30	-20	+30	-20
Novo AC	130	140	150	120	110	160	135
Novo CCL	+30	+20	0	+20	+30	+80	+30

Na tabela 3, a empresa apresenta um novo ativo circulante após a venda de equipamentos e, portanto, um novo CCL. A não ser para o terceiro mês, a empresa apresenta um novo CCL sempre positivo, o que indica uma folga de caixa e liquidez de curto prazo.

Ambas as estratégias, como apresentadas, são extremas. Normalmente, empresas não agem de forma extremamente arrojada e tampouco conservadora. Preferem um meio-termo no qual não haja um risco muito grande de fluxo de caixa, mas que também não seja necessária uma desmobilização muito grande de ativos produtivos.

Fontes de financiamento de curto prazo

O conceito de CCL permitiu uma série de análises sobre como desenvolver estratégias para resolver problemas de liquidez de curto prazo sem prejudicar a rentabilidade da empresa. Contudo, resta uma questão importante para a empresa: quais são as fontes de recursos que permitem à empresa financiar o CCL no curto prazo?

A seguir, as principais formas de financiamento, com suas vantagens e desvantagens.

Capital próprio

Uma das principais fontes de recursos de micro e pequenas empresas é o *capital próprio* – financiado pelos sócios. Esse capital pode ser uma fonte importante de recursos para gerenciar problemas de liquidez de curto prazo.

Em termos práticos, há um lançamento no ativo, normalmente em caixa (ativo circulante) e um aumento correspondente no patrimônio líquido. Nesse caso, há um financiamento do CCL pelo capital de longo prazo próprio dos donos da empresa.

A *grande vantagem* desse tipo de capital é que ele não é oneroso para a empresa, ou melhor, a remuneração desse capital fica atrelada ao fato de a empresa apurar lucro – o dividendo corresponde a uma distribuição do lucro.

A desvantagem é que sua utilização depende da disponibilidade e da disposição dos sócios para integralizar mais capital na empresa, bem como pode representar um custo de oportunidade perdido pelos sócios, que deixariam de ser remunerados.

> **COMENTÁRIO**
> Essa disposição representa, em grande parte, a perda do custo de oportunidade pelo uso do dinheiro na empresa. Assim, o sócio, ao integralizar mais capital, estaria abdicando de juros que poderia receber pelo dinheiro se o mantivesse no banco, por exemplo.

De fato, na vida real, essa fonte de recursos tende a ser usada somente em último caso, dado que, em princípio, não se pode contar com a disponibilidade do capital próprio para cobrir as contas da empresa.

No figura 2, a empresa parte de uma situação de CCL negativo. Para gerenciar isso, vai ser adicionado ao gráfico o capital próprio, com correspondente lançamento no AC, o que torna o CCL positivo.

Nesse primeiro caso, o CCL é negativo, pois o passivo circulante é maior que o ativo circulante. Com a integralização de capital e o consequente aumento do PL e do AC, tem-se o ilustrado na figura 2.

FIGURA 2: MUDANÇA NO CCL POR INTEGRALIZAÇÃO DE CAPITAL

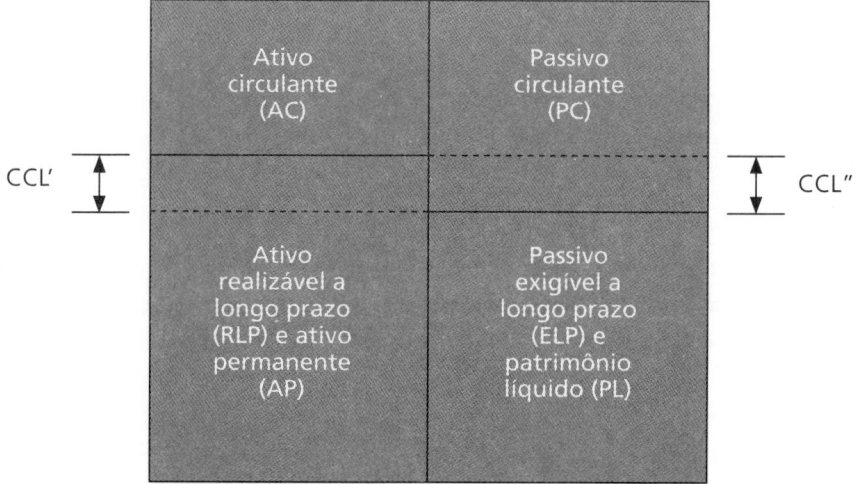

> **EXEMPLO**
>
> Os lançamentos de aumento de patrimônio líquido e aumento de caixa no ativo circulante fazem com que o CCL deixe de ser negativo e passe a ser positivo.
> Em termos numéricos, analisemos a situação inicial, mostrada na tabela 4.
>
> TABELA 4: BALANÇO PATRIMONIAL DA EMPRESA MONTRESOR (EM R$ MIL)
>
> | AC | 300 | PC | 500 |
> |-----|-------|-----|-------|
> | RLP | 400 | ELP | 500 |
> | AP | 1.000 | PL | 700 |
> | AT | 1.700 | PT | 1.700 |
>
> Nesse caso, CCL = AC – PC = – 200. Existe falta de caixa para honrar compromissos de curto prazo no montante de R$ 200.000. Se os sócios da empresa integralizarem capital no montante de R$ 300.000, o novo balanço será o demonstrado na tabela 5.
>
> TABELA 5: NOVO BALANÇO PATRIMONIAL DA EMPRESA MONTRESOR (EM R$ MIL)
>
> | AC | 600 | PC | 500 |
> |-----|-------|---------|-------|
> | RLP | 400 | ELP | 500 |
> | AP | 1.000 | PL | 1.000 |
> | AT | 2.000 | PT + PL | 2.000 |
>
> O novo CCL é de 600 – 500 = 100, ou R$ 100.000. Como é positivo, indica solvência de curto prazo. Note que o patrimônio líquido e o ativo circulante aumentaram em R$ 300.000, com aumentos correspondentes no ativo total e no passivo total + PL.

Bancos

Diferentemente do capital próprio, a utilização de capital bancário é uma alternativa que normalmente apresenta disponibilidade imediata – a não ser que a empresa apresente problemas estruturais graves ou não tenha garantias suficientes e tenha crédito bancário recusado –, com quantidade suficiente para cobrir qualquer problema de liquidez temporária.

> **CUSTO DE OPORTUNIDADE**
>
> Custo correspondente àquilo que se deixa de ganhar na segunda melhor alternativa por se ter escolhido a primeira.

O problema é que é uma fonte onerosa de recursos que tende a pressionar a liquidez futura pela necessidade de pagamento de amortizações e juros. A empresa estaria financiando o CCL através do passivo exigível de longo prazo (ELP) – a tomada de empréstimos representa um lançamento em ELP e um correspondente em caixa ou bancos no AC. A representação gráfica – e numérica – é semelhante à do caso anterior e em vez da integralização de R$ 300.000, esse valor é levantado junto aos bancos. Nessa hipótese, em vez de aumentar o patrimônio líquido, aumenta o ELP. Ou seja, a tabela 5 assume as feições da tabela 6.

TABELA 6: NOVO BALANÇO PATRIMONIAL DA EMPRESA MONTRESOR (EM R$ MIL)

AC	600	PC	500
RLP	400	ELP	800
AP	1.000	PL	700
AT	2.000	PT + PL	2.000

O CCL é o mesmo que o do caso anterior, R$ 100.000, sendo a única diferença o aumento do ELP em vez (do aumento) do PL.

Antecipação de receitas

Outra forma de financiamento de curto prazo é a antecipação de receitas de longo prazo, em especial a antecipação de recebimentos futuros da empresa. São duas as principais formas de fazer isso:

(a) oferecimento de descontos financeiros: a empresa pode oferecer aos seus clientes descontos para que eles antecipem seus respectivos pagamentos;

(b) venda de receitas futuras: a empresa pode vender no mercado os direitos de recebimentos futuros que possui para fazer caixa.

EXEMPLO

Como exemplo simples, é possível à empresa vender cheques pré-datados que possui a outras empresas (chamadas empresas de *factoring*). Estas passam a ficar com os cheques em seu poder e pagam um valor com desconto.

FACTORING

Prestação contínua e cumulativa de assessoria mercadológica e creditícia, de seleção de riscos, de gestão de crédito, de acompanhamento de contas a receber e de outros serviços, conjugada com a aquisição de créditos de empresas resultantes de suas vendas mercantis ou de prestação de serviços, realizadas a prazo.

Nos dois casos, a empresa consegue retirar receitas do RLP e passá-las para o caixa para fazer frente a compromissos de curto prazo.

A desvantagem é que a empresa incorre em custos para fazê-lo, seja o desconto para seus clientes ou para as empresas que compram seus direitos de recebimento, como as empresas de *factoring*.

Graficamente, saindo de uma situação de CCL negativo, temos o que ilustra a figura 3.

FIGURA 3: CCL NEGATIVO

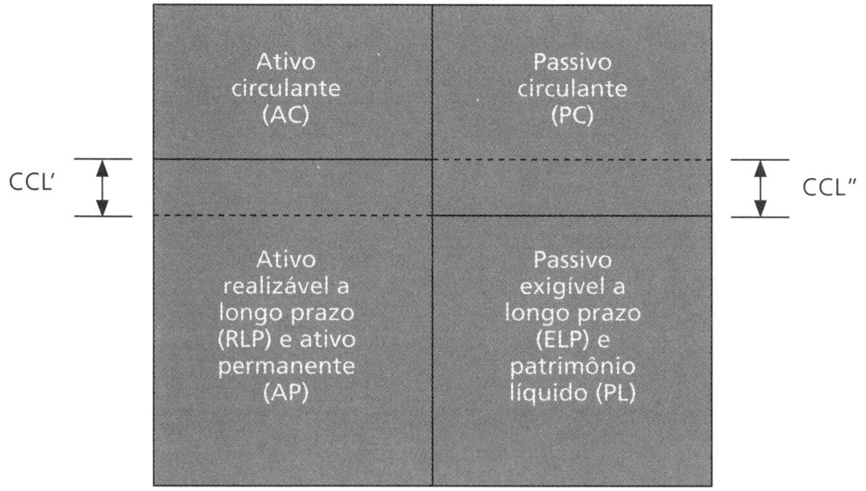

Ativo circulante (AC)	Passivo circulante (PC)
Ativo realizável a longo prazo (RLP) e ativo permanente (AP)	Passivo exigível a longo prazo (ELP) e patrimônio líquido (PL)

CCL' à esquerda, CCL" à direita.

Uma antecipação de receitas faz que a empresa mude somente sua estrutura de ativos. Como resultado dessa mudança, temos o ilustrado na figura 4.

FIGURA 4: MUDANÇA NO CCL POR ANTECIPAÇÃO DE RECEITA

Ativo circulante (AC)	Passivo circulante (PC)
Ativo realizável a longo prazo (RLP) e ativo permanente (AP)	Passivo exigível a longo prazo (ELP) e patrimônio líquido (PL)

CCL' à esquerda, CCL" à direita.

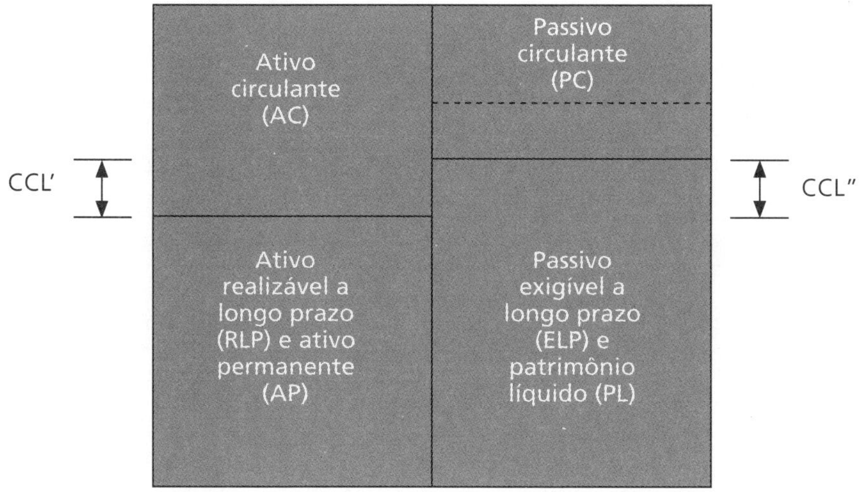

Em termos numéricos, suponha uma situação inicial igual à da tabela 7.

TABELA 7: BALANÇO PATRIMONIAL DA EMPRESA MONTRESOR (EM R$ MIL)

AC	300	PC	500
RLP	400	ELP	500
AP	1.000	PL	700
AT	1.700	PT	1.700

Nesse caso, CCL = AC – PC = – 200. Existe falta de caixa para honrar compromissos de curto prazo no montante de R$ 200.000.

Suponha que haja mercado e seja possível antecipar todo o RLP. Para que o exemplo continue simples, assume-se que a antecipação se dará pelo valor total, sem nenhum tipo de desconto. Desse modo, teremos os valores expressos na tabela 8.

TABELA 8: NOVO BALANÇO PATRIMONIAL DA EMPRESA MONTRESOR (EM R$ MIL)

AC	700	PC	500
RLP	0	ELP	500
AP	1.000	PL	700
AT	1.700	PT + PL	1.700

O novo CCL é de 700 – 500 = 200, ou R$ 200.000. Como é positivo, indica solvência de curto prazo.

O ativo realizável de longo prazo agora é zero, e o ativo circulante aumentou em R$ 400, sem mudanças no ativo total e no passivo total + PL.

Os tipos principais de antecipação de recebíveis estão descritos no quadro 2.

QUADRO 2: PRINCIPAIS TIPOS DE ANTECIPAÇÃO DE RECEBÍVEIS

1. Desconto de duplicatas:	2. Desconto de cheques:	3. Cartão de crédito:
Esse tipo de desconto permite à empresa receber agora as vendas realizadas a prazo com duplicatas. Normalmente, o desconto de duplicatas é feito sobre títulos com prazo médio de 30 dias e máximo de 60 dias. O custo depende do relacionamento da empresa com o banco e gira em torno de 2% a 5% ao mês na maior parte dos bancos.	A empresa pode solicitar a antecipação de recursos das vendas realizadas por meio de cheques pré-datados. Para isso, normalmente os cheques devem estar sob custódia do banco ou da financeira que fará o desconto.	A empresa pode antecipar as receitas de vendas com cartões de crédito. Essas receitas, normalmente, levam quatro semanas para ser finalizadas pelas administradoras de cartões.

BNDES

Esse importante banco público também age na concessão de crédito de curto prazo para aquisição de máquinas, equipamentos e outros bens de produção, incluindo pneus, insumos para os setores têxtil e coureiro, calçadista, além de papel para impressão e edição de livros.

A atuação do BNDES na concessão de crédito de curto prazo se dá, principalmente, por meio do Cartão BNDES, modalidade que surgiu no início dos anos 2000.

> **COMENTÁRIO**
> O BNDES tem como sua principal especialidade o financiamento de longo prazo.

O cartão BNDES é um produto voltado para todas as empresas de micro, pequeno e médio portes que estejam em dia com suas obrigações para com o INSS, o FGTS, a Rais (relação anual de informações sociais) e com os demais tributos federais.

O portal de operações do sistema BNDES torna disponível na internet um espaço exclusivo para a realização de negócios entre as micro, pequenas e médias empresas portadoras do cartão BNDES e seus fornecedores e fabricantes de bens de produção que, a critério do BNDES, estejam relacionados à realização de investimentos.

Portanto, os produtos financiados por meio do cartão BNDES são aqueles que constam do catálogo de produtos, exposto, exclusivamente, no portal de operações do sistema do banco.

O cartão BNDES não permite a livre utilização dos recursos, e somente pode ser utilizado para adquirir máquinas e insumos específicos de fornecedores cadastrados por aquela instituição financeira. O cartão oferece crédito rotativo, pré-aprovado, de até R$ 250.000, para a aquisição de produtos credenciados no BNDES, por meio do *portal de operações do cartão BNDES*.

> **COMENTÁRIO**
>
> **Principais características do cartão BNDES**
>
> *Clientes*
> 1. Micro, pequena e média empresas.
> 2. Limite de crédito: definido pelo banco emissor do cartão BNDES, até R$ 250.000, por cliente e por emissor.
>
> *Custo*
> 1. Anuidade: a ser definida pelo banco emissor.
> 2. Taxa de juros: definida em percentual ao mês, em função da taxa a termo, divulgada pela Andima (Associação Nacional das Instituições do Mercado Financeiro), calculada com base nas Letras do Tesouro Nacional.
>
> *Prazo*
> Amortização em 12, 18, 24 ou 36 prestações mensais, fixas e iguais (sujeita a consulta ao banco emissor).
>
> *Garantias*
> Negociadas entre o banco emissor e o cliente, na análise de crédito para a concessão do cartão.
>
> *Fornecedor*
> Empresas fabricantes de máquinas, equipamentos e outros bens de produção que sejam fabricados total ou parcialmente no Brasil.
>
> *Emissor*
> É a instituição financeira autorizada, pelo Bacen, a operar cartão de crédito, aprovada pelo BNDES e responsável pela emissão do cartão BNDES e pelo risco da operação.
>
> *Afiliadora*
> É a empresa responsável pela afiliação de fornecedores e pela gestão de transações comerciais realizadas por meio de cartões de crédito ou outros meios de pagamento.

Exercício

Para a empresa Cardy, são dadas as informações que se seguem.

Ativo circulante para os próximos seis meses (em R$ mil):

AC	1º mês	2º mês	3º mês	4º mês	5º mês	6º mês
	1.000	1.200	1.500	1.700	1.300	1.100

Passivo circulante para os próximos seis meses (em R$ mil):

PC	1º mês	2º mês	3º mês	4º mês	5º mês	6º mês
	800	1.000	1.300	2.000	2.300	1.300

Passivo circulante para os próximos seis meses (em R$ mil):

PC	1º mês	2º mês	3º mês	4º mês	5º mês	6º mês
	800	1.000	1.300	2.000	2.300	1.300

ELP para os próximos seis meses (em R$ mil):

ELP	1º mês	2º mês	3º mês	4º mês	5º mês	6º mês
	6.200	6.000	5.700	5.000	4.700	5.700

RLP para os próximos seis meses (em R$ mil):

RLP	1º mês	2º mês	3º mês	4º mês	5º mês	6º mês
	2.000	1.800	1.500	1.300	1.700	1.900

Para os próximos seis meses, consideram-se constantes os seguintes valores de PL e AP (em R$ mil):
- PL: 1.000;
- AP: 5.000.

Para os primeiros dois meses, a composição do ativo circulante é:

Conta do AC	1º mês	2º mês
Caixa	200	300
Bancos	100	200
Aplicações financeiras	100	0
Clientes	50	100
Estoques	500	550
Despesas antecipadas	50	50
Ativo circulante	1.000	1.200

Pede-se:
(a) calcular o CCL para os seis meses;
(b) discutir a liquidez do ativo circulante da empresa para os dois primeiros meses;
(c) determinar uma estratégia agressiva e outra conservadora para a gerência do CCL;

(d) mostrar como seria o financiamento com capital próprio para a estratégia conservadora, com redesenho do balanço patrimonial da empresa no último mês;

(e) mostrar como seria o financiamento com antecipação de receita de longo prazo para a estratégia agressiva, com redesenho do balanço patrimonial da empresa no último mês;

(f) mostrar como seria o financiamento com empréstimos bancários para a estratégia conservadora, com redesenho do balanço patrimonial da empresa no último mês.

Respostas comentadas

(a) O cálculo do CCL envolve a fórmula simples: AC − PC. Assim (em R$ mil):

	1º mês	2º mês	3º mês	4º mês	5º mês	6º mês
AC	1.000	1.200	1.500	1.700	1.300	1.100
PC	800	1.000	1.300	2.000	2.300	1.300
CCL	200	200	200	-300	-1.000	-200

Do quarto mês em diante o CCL é negativo. Esse fato revela que a empresa apresenta fragilidade financeira de curto prazo nesse período, ou seja, não é capaz de honrar seus compromissos de curto prazo.

(b) O AC da empresa, como apresentado, é (em R$ mil):

Contas do AC	1º mês	2º mês
Caixa	200	300
Bancos	100	200
Aplicações financeiras	100	0
Clientes	50	100
Estoques	500	550
Despesas antecipadas	50	50
Ativo circulante	1.000	1.200

A maior parte do AC é proveniente de *estoques*. Essa conta é a mais representativa, com cerca de 50% do AC. Isso significa que, na prática, o AC não é totalmente líquido e, embora para esses meses o CCL se apresente positivo, podem existir problemas de curto prazo.

(c) Como já visto, o CCL da empresa Cardy para os seis meses analisados é (em R$ mil):

CCL	1º mês	2º mês	3º mês	4º mês	5º mês	6º mês
	200	200	200	-300	-1.000	-200

Assim, a partir do quarto mês, a empresa apresenta CCL negativo. Esse fato significa que ela pode não ter como honrar os compromissos de curto prazo.

Uma estratégia agressiva seria conseguir somente a quantidade suficiente de recursos para a exata medida das necessidades da empresa. Nesse caso, a empresa deveria levantar recursos de:

- R$ 300.000, no quarto mês;
- R$ 700.000, no mês seguinte (para fechar R$ 1.000.000, valor necessário no quinto mês).

Além disso, a empresa poderia desmobilizar R$ 800.000 no sexto mês, pois necessita somente de R$ 200.000 nesse mês.

Já uma estratégia conservadora obrigaria a empresa a levantar os recursos necessários referentes ao total de suas necessidades. Assim, a empresa deveria levantar, o mais rapidamente possível, R$ 1.000.000 e manter esses recursos durante todo o período.

(d) Primeiramente, deve-se montar o balanço patrimonial do sexto mês, sem nenhum tipo de financiamento relativo ao CCL negativo.

Com os dados da empresa Cardy, o BP apresentaria ativo total de R$ 8.000.000 e seria composto de:

Como nesse caso a empresa utilizar-se-ia da estratégia conservadora, haveria financiamento do total dos recursos necessários para o período, ou R$ 1.000.000.

Com o financiamento do capital próprio, o patrimônio líquido da empresa aumentaria no mesmo valor, com correspondente aumento no ativo circulante. O novo BP seria:

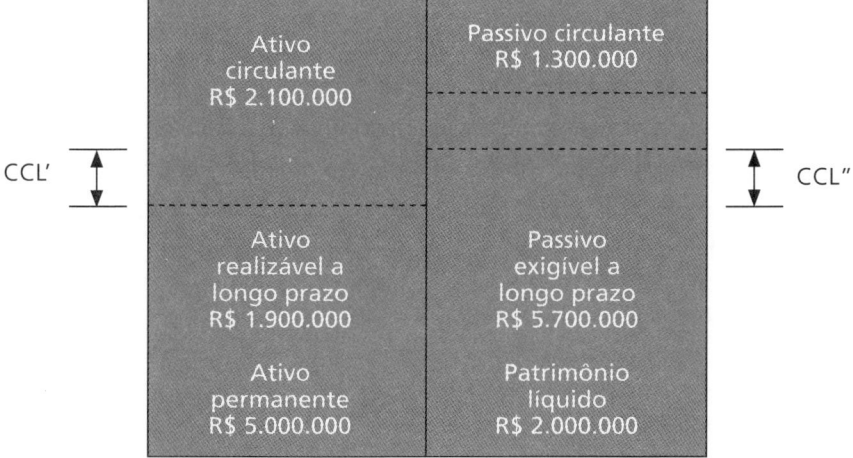

O aumento do ativo circulante faz com que o CCL deixe de ser negativo e passe a ser positivo. Isso resulta em folga financeira para a empresa sustentar-se durante o período. No caso do sexto mês essa folga financeira seria de R$ 800.000.

Deve-se notar que houve aumento do ativo total, de R$ 8.000.000 para R$ 9.000.000, consequência da integralização de capital no valor de R$ 1.000.000.

(e) No caso da adoção de uma estratégia agressiva com antecipação de receita de longo prazo, o redesenho do balanço patrimonial da empresa no último mês deve incluir a diminuição do RLP e o aumento do AC, bem como manter o mesmo valor de ativo total, pois só há rearranjo na parte do ativo. Temos então um BP para o sexto mês igual ao primeiro BP do item (d):

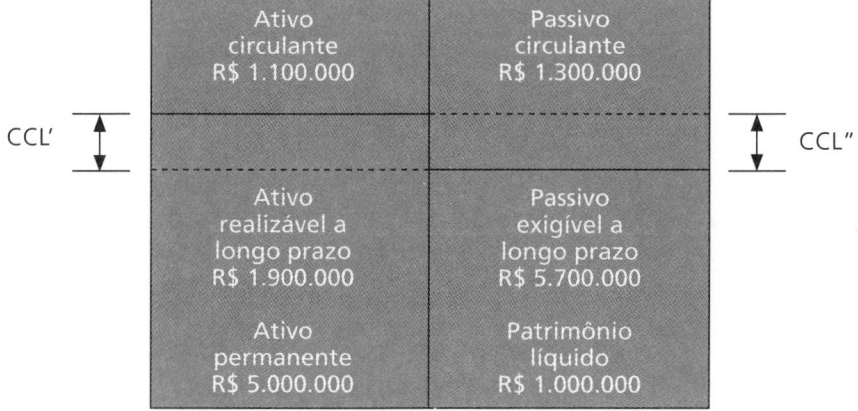

Como a estratégia é agressiva, a antecipação de receita (utilização de *factoring*, venda de recebíveis etc.) deve corresponder ao montante das necessidades de financiamento de curto prazo da empresa.

No sexto mês, essas necessidades são de R$ 200.000; portanto, este deve ser o valor antecipado do RLP (para simplificar a demonstração, assume-se que a empresa consiga antecipar esses recebíveis sem nenhuma perda patrimonial), que cai de R$ 1.900.000 para R$ 1.700.000, com correspondente aumento de R$ 200.000 no AC, que passa de R$ 1.100.000 para R$ 1.300.000.

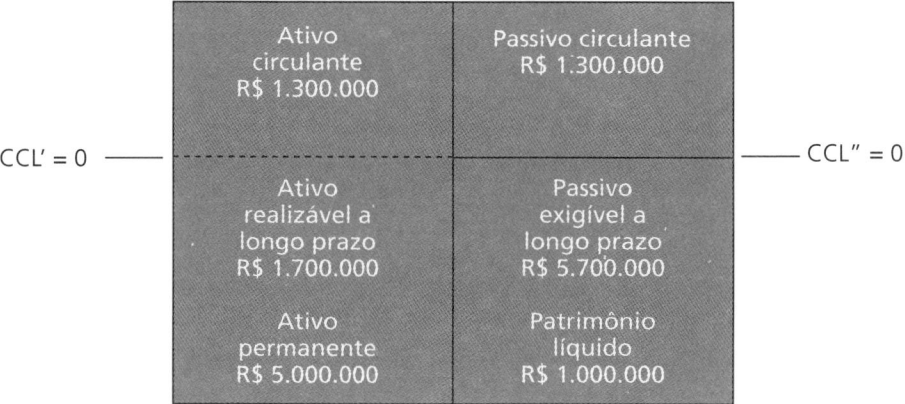

Como pode ser observado acima, o valor do CCL, nesse caso, é zero. Isso condiz com a estratégia agressiva, pois esta visa acabar com qualquer necessidade de financiamento de curto prazo, sem deixar folga que prejudique a utilização de recursos para investimentos produtivos.

(f) O financiamento com empréstimos bancários implica a utilização de passivo exigível de longo prazo para financiar as necessidades de curto prazo.

Para a estratégia conservadora, isso significa obter empréstimos de R$ 1.000.000. Partindo do balanço patrimonial do sexto mês, temos que:

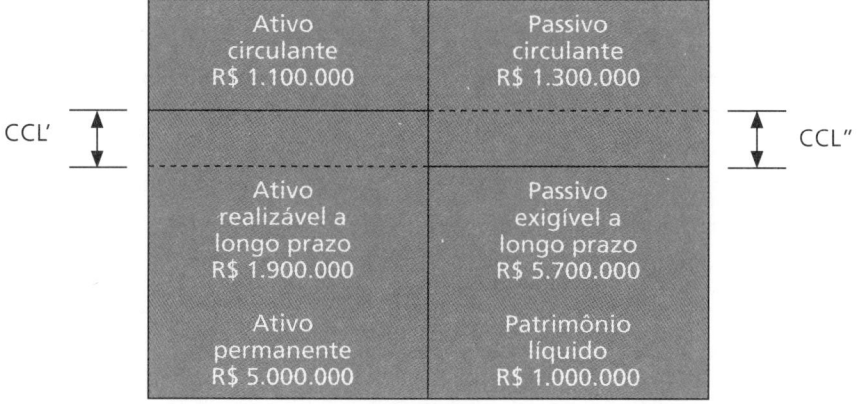

Para executar a estratégia conservadora, então, a empresa deve aumentar seu ELP em R$ 1.000.000 e usar esse valor como caixa para sustentar suas necessidades de financiamento de curto prazo. Para o sexto mês, isso significa:

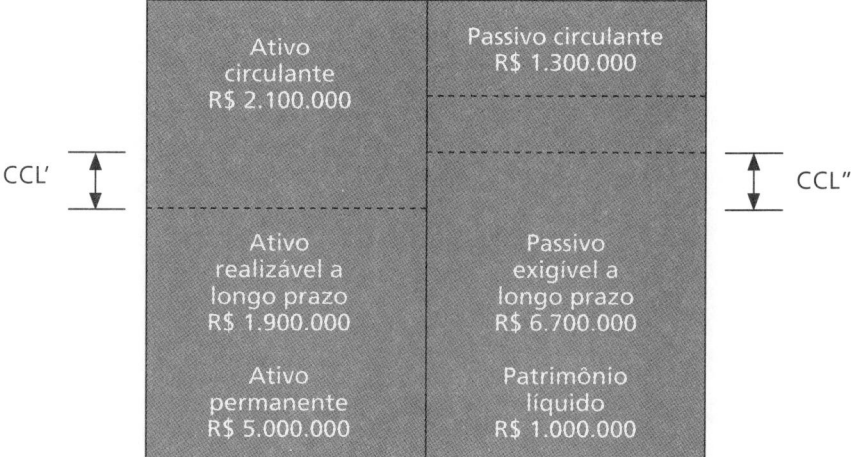

O financiamento com empréstimo bancário ocasionou um aumento no ativo total da empresa de R$ 8.000.000 para R$ 9.000.000.

Outra consequência é o aumento do passivo de longo prazo. Isso significa que a empresa trocou despesas de curto prazo por mais despesas de longo prazo onerosas.

Tal estratégia só faz sentido se a empresa espera lucrar mais no futuro do que os custos de juros desse empréstimo.

Capital de giro e orçamento de caixa

A consolidação do conhecimento de administração do capital de giro é fundamental para que se possam traçar estratégias de administração financeira de curto prazo, esta que, em especial, está ligada diretamente ao conceito de orçamento de caixa.

> **COMENTÁRIO**
> Ross e colaboradores (2000) mostram que o orçamento de caixa "permite ao administrador financeiro identificar necessidades (e oportunidades) financeiras de curto prazo".

No fundo, o conceito de orçamento de caixa ajuda a definir as necessidades de financiamento da empresa, assim como ocorre na análise do capital circulante líquido, só que visto de outra forma.

No caso do orçamento de caixa, a análise é feita partindo-se das estimativas de vendas e despesas da empresa até se chegar às necessidades de curto prazo.

Para melhor visualizar isso, tome-se um exemplo (tabela 9) de um caso similar apresentado em Ross e colaboradores (2000:544).

TABELA 9: ANÁLISE DO ORÇAMENTO DE CAIXA

Fontes de caixa (em R$ mil)	1º trimestre	2º trimestre	3º trimestre	4º trimestre
Vendas	200	150	150	200
Outros recebimentos	0	50	0	50
Rendas de ativos financeiros	50	50	50	50
Saldo inicial de contas a receber	50	300	550	750
Saldo final de contas a receber	300	550	750	1.050

A tabela 9 mostra as fontes de caixa da empresa, que, neste exemplo, são:

(a) suas próprias vendas;
(b) outros recebimentos;
(c) rendas de ativos financeiros.

A tabela é construída tendo como base um saldo inicial de R$ 50 mil. Note que cada saldo inicial corresponde ao do trimestre imediatamente anterior ao que se está considerando no aqui e agora.

COMENTÁRIO

Uma empresa pode ter diversas fontes correntes de receita: venda ativos imobilizados, créditos passados, recuperação de crédito, aluguéis de imóveis da empresa para terceiros etc. Assim contemplamos quaisquer outras possibilidades na conta outros recebimentos.
Embora a tabela siga um padrão trimestral, este pode ser diferente, pois orçamentos mensais ou semestrais de caixa também podem ser realizados.

A tabela 10 corresponde às saídas de caixa.

TABELA 10: ANÁLISE DAS SAÍDAS DE CAIXA

Saídas de caixa (em R$ mil)	1º trimestre	2º trimestre	3º trimestre	4º trimestre
Custos diretos	100	150	100	100
Outros custos	50	50	100	0
Salários, aluguéis	100	100	100	100
Saldo inicial de saídas	0	200	500	800
Saldo final de saídas de caixa	200	500	800	1.000

A tabela 10 foi construída para mostrar as saídas de caixa da empresa para os quatro trimestres do ano analisado.

Assumiu-se que a divisão das diversas saídas se deu em três categorias:

(a) custos diretos (como matérias-primas);
(b) salários e aluguéis;
(c) outros custos e outras despesas.

É importante notar que, no caso das despesas, elas podem apresentar uma gama ainda maior de classes do que as fontes de receita, pois incluem desde despesas de papelaria até despesas como consultorias, transporte, impostos etc.

O saldo de caixa do orçamento de caixa está demonstrado na tabela 11.

TABELA 11: ANÁLISE DO SALDO DE CAIXA

Saldo de caixa (em R$ mil)	1º trimestre	2º trimestre	3º trimestre	4º trimestre
Total dos recebimentos	250	250	200	300
Total dos pagamentos	200	300	300	200
Resultado do período	50	-50	-100	100
Saldo anterior	50	100	50	-50
Saldo final do período	100	50	-50	50

Como se pode perceber pela tabela 11, durante o terceiro trimestre a empresa apresenta necessidades de caixa no valor de R$ 50.000 para cumprir suas obrigações. No entanto, não apresenta nenhum problema estrutural, pois, ao final do quarto trimestre, a expectativa é de saldo positivo.

COMENTÁRIO

As necessidades de caixa da empresa têm de ser financiadas da forma já comentada em seção anterior – por exemplo, via empréstimo bancário.

Conclusões importantes:

(a) se as tabelas fossem reconstruídas em termos de ativo circulante e passivo circulante; e
(b) se fosse calculado o capital circulante líquido por trimestre; então,
(c) os resultados seriam exatamente os mesmos que figuram na tabela *saldos de caixa*.

DICA

Para confirmar isso, basta fazer os cálculos para encontrar o CCL.

O cálculo do orçamento de caixa e o do CCL se equivalem em termos de estratégia de administração financeira de curto prazo.

Qual a diferença entre eles então? A principal diferença é que o cálculo do CCL é normalmente feito para analisar o que acontece na empresa atualmente ou o que ocorreu no passado. Assim, trabalha-se mais com dados reais.

Por outro lado, o orçamento de caixa é uma ferramenta de previsão, uma vez que busca estimar as necessidades de caixa a partir das fontes de entradas e saídas.

Ambas as ferramentas são complementares e fornecem visões do processo de forma diferente: uma, por meio de mudanças no balanço patrimonial (CCL); a outra, por meio de fontes de entradas e saídas (orçamento de caixa). As implicações dos resultados são as mesmas para as duas ferramentas. A escolha da melhor ferramenta dependerá de como será estruturada a análise da empresa.

Outra forma de visualizar esse processo é analisar o esquema abaixo (figura 5).

FIGURA 5: PLANEJAMENTO FINANCEIRO

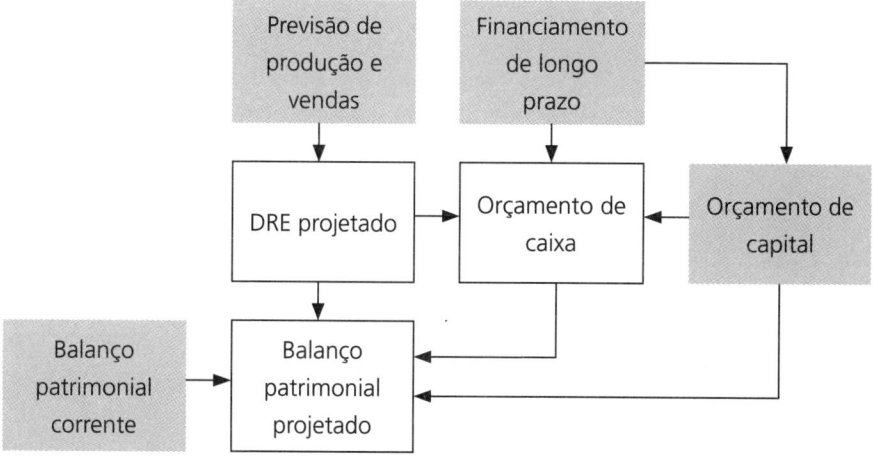

Fonte: adaptado de Gitman (2002).

A figura 5 mostra todas as informações necessárias para a construção do orçamento de caixa: primeiro, devem ser tomadas em consideração as previsões de produção e vendas junto com o balanço patrimonial corrente. Nas seções que envolvem CCL, isso já estava representado como balanço patrimonial projetado, o que interessava eram as partes circulantes desse balanço.

Os planos de financiamento de longo prazo e o orçamento de capital também têm impacto sobre o financiamento de caixa da empresa.

> **EXEMPLO**
>
> Uma empresa que mude sua estrutura de capital para o financiamento de longo prazo de terceiros via lançamento de debêntures com cupons semestrais vai pressionar o pagamento de juros ao final de cada período.

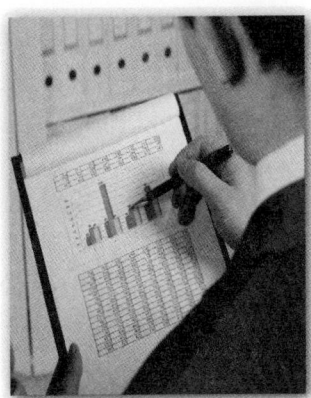

Outra forma de visualizar isso é observar que o planejamento estratégico da empresa afeta o operacional.

Entretanto, assumindo que não haja mudanças estratégicas, pode-se, ainda assim, ver como a empresa maximiza a eficiência de suas políticas de planejamento operacional.

Resumindo de outra forma: para as projeções de orçamento de caixa e capital circulante líquido, é necessário:

(a) balanço patrimonial corrente;
(b) previsão de produção e vendas;
(c) planejamento de longo prazo e orçamento de capital.

Administração do caixa

Uma vez que as necessidades de caixa estejam determinadas, a empresa deve então se preocupar em administrar de forma eficaz o seu caixa. Como se faz isso? Para os casos em que a empresa precisa de recursos, já foi visto que isso se faz de várias formas, desde antecipação de receitas até empréstimos bancários. Mas tomando o exemplo da seção anterior (capital de giro e orçamento de caixa), o que fazer quando há excesso temporário de caixa?

> **COMENTÁRIO**
>
> Embora o título dessa seção seja "Administração do caixa", na prática está-se lidando com administração do saldo em conta-corrente da empresa. Nas economias modernas, as empresas gerenciam seus recursos através de movimentações bancárias que afetam seu saldo disponível. Algumas empresas mantêm ainda recursos em caixa, mas apesar de haver diferenças, para todos os efeitos estão sendo desconsideradas quaisquer diferenças entre caixa e saldo em conta-corrente nos bancos.

É interessante notar que aqui não há nenhuma hipótese sobre estratégias conservadoras ou agressivas. Assume-se uma preferência por um caixa de R$ 30.000

como precaucional para a empresa. Esse valor pode até ser conservador, mas nesse momento tal distinção não é importante.

Reproduzimos abaixo (tabela 12) os saldos de caixa projetados pela empresa.

TABELA 12: SALDOS DE CAIXA PROJETADOS

Saldo de caixa (em R$ mil)	1º trimestre	2º trimestre	3º trimestre	4º trimestre
Total dos recebimentos	250	250	200	300
Total dos pagamentos	200	300	300	200
Resultado do período	50	-50	-100	100
Saldo anterior	50	100	50	-50
Saldo final do período	100	50	-50	50

Algumas considerações sobre a tabela 12. Vamos supor que a empresa avalie que manter um caixa de R$ 30.000 é suficientemente seguro para eventualidades. Nesse caso, haveria excesso de caixa em todos os trimestres, menos no terceiro, que deverá ser financiado. Esses excessos seriam de R$ 70.000 no primeiro trimestre, R$ 20.000 no segundo e no quarto trimestres.

O que fazer com esse excesso de recursos? Se os recursos estão no orçamento de caixa, eles são necessários ali; logo, investi-los em ativos fixos não é uma solução, pois investimentos são decididos por outras políticas da empresa, como o orçamento de capital.

Normalmente a solução é aplicar esses recursos em ativos financeiros de baixo risco e alta liquidez.

Por que isso? É importante para a empresa poder dispor dos recursos a qualquer momento, dada qualquer eventualidade; daí a procura por liquidez. Além disso, esses são recursos de caixa, e a empresa já lida com os riscos do próprio negócio; daí não ser conveniente correr ainda mais riscos com seus recursos de caixa. Afinal, usá-los em ativos arriscados no mercado financeiro pode significar perder recursos que serão usados para o pagamento de salários. E, convém frisar, nenhuma empresa pode arriscar não ter recursos para o pagamento dos seus funcionários, especialmente em uma situação na qual correr esses riscos não é necessário.

A solução normal para qualquer eventual excesso de recursos, então, é aplicar esse excesso em títulos públicos, pois têm ampla liquidez no mercado aberto e apresentam baixo risco.

A quantidade em excesso e a própria definição de *excesso de caixa*, como a determinação do caixa mínimo precaucional da empresa, estão relacionadas ao que Ross e colaboradores (2000) chamam de "saldo apropriado de caixa".

Gitman (2002) relaciona o saldo apropriado de caixa à função *demanda de moeda*, de Keynes, que relaciona as razões *transação*, *precaução* e *especulação* como componentes do conceito de *saldo de caixa*.

As definições keynesianas desses termos encontram pouco respaldo na acepção usual das palavras. No entanto, a definição keynesiana de *especulação* é bastante simples: *tentar ter retorno positivo somente com ativos financeiros*. Uma empresa que tenha excesso de caixa, ao buscar obter algum retorno com a compra de títulos públicos, estaria especulando que o dinheiro aplicado nesses títulos lhe traria um retorno positivo. Essa especulação é normal e faz parte dos mercados financeiros.

JOHN MAYNARD KEYNES

Economista nascido em 1883, em Cambridge, Reino Unido. Estudou no Colégio Eton e no King's College. Foi professor de economia em Cambridge e colaborou em diversas missões do governo britânico, entre elas a Conferência de Paz de Versalhes, em meio à qual renunciou por discordar das pesadas indenizações de guerra exigidas aos países vencidos. Para expressar esse desacordo, escreveu o livro *The economic consequences of the peace*, em 1919.

Em 1944, chefiou a delegação do Reino Unido à Conferência de Bretton Woods. Seu projeto para a estabilização monetária internacional, conhecido como Plano Keynes, em conjunto com o Plano White americano, serviu de base para a criação do FMI e do Bird, entidade da qual foi um dos primeiros dirigentes.

Seu livro *Treatise on money* (Tratado sobre a moeda), de 1930, antecipa os pontos principais da teoria econômica que desenvolveria em sua obra fundamental, *The general theory of employment, interest and money* (Teoria geral do emprego, do juro e da moeda), de 1936. Em resumo, afirmava que os investimentos públicos e privados determinam diretamente a elevação e a redução dos níveis de renda e emprego. Em contraposição à tese da escola clássica, segundo a qual o Estado deveria manter-se, tanto quanto possível, à margem da atividade econômica, Keynes propunha que o estado se transformasse em motor do desenvolvimento.

Fala-se, no âmbito da história econômica, de uma era keynesiana, tal a influência que sua obra exerceu, durante décadas, nos meios econômicos internacionais. Sagrado cavaleiro da coroa britânica, Lord Keynes, barão de Tilton, faleceu em Firle, Sussex, em 21 de abril de 1946.

WILLIAM BAUMOL

Professor emérito da Universidade de Princeton e do C. V. Starr Center for Applied Economics, da Universidade de Nova York, o qual dirige. As duas áreas que se tornaram especial objeto de atenção foram o modelo de Tobin-Baumol e sua teoria do crescimento.

Idealizado por James Tobin e reformulado por William Baumol, o "modelo matemático de Tobin-Baumol" é o exemplo por excelência que nos explica a demanda por dinheiro, com o fim de intercambiá-lo por bens e serviços, tendo em conta a especulação.

Baumol tem também contribuições matemáticas muito interessantes acerca da teoria dos jogos e programação linear.

MERTON H. MILLER

Economista americano, nascido em 1923. Graduado em Harvard (1943), PhD pela Johns Hopkins University (1952). Professor na Carnegie-Mellon University (1953-61) e na University of Chicago (1961-93). Falecido em 2000.

Desenvolveu a teoria, com Franco Modigliani, sobre o relacionamento entre a estrutura de uma companhia e seu valor de mercado. Ganhou o *prêmio em memória de Alfred Nobel* em ciências econômicas, em 1990.

No caso da administração de caixa, analisando pela ótica keynesiana dos motivos transação, precaução e especulação, o administrador dá ênfase, primeiramente, ao motivo transação – afinal, são vendas e recebimentos, junto com despesas e custos que determinam os fluxos de entrada e saída que, por sua vez, determinam as necessidades ou excessos de caixa. Após determinadas as necessidades de caixa estas seriam financiadas. Excessos, por sua vez, somente são motivos de especulação – por exemplo, compra de títulos públicos – após a determinação de um saldo mínimo precaucional. Ou seja, o motivo especulação, na administração do caixa, é o saldo que resta dos dois primeiros motivos.

Tanto Ross e colaboradores (2000) quanto Gitman (2002) apresentam dois modelos para a determinação do saldo apropriado de caixa, o de Baumol e o de Miller-Orr.

> **COMENTÁRIO**
>
> Outra interessante observação é que a análise de Baumol também é uma transposição de uma análise macroeconômica feita pelo autor. No caso, para analisar uma economia monetária como a de Keynes, o autor desenvolveu seu modelo de estoques. Embora seja uma literatura de economia muito técnica, fica ao leitor o conhecimento de que tanto Baumol como Keynes não imaginavam que seus modelos seriam de alguma forma transpostos para administração de caixa das empresas, já que seus objetivos eram discutir relações entre agregados macroeconômicos.

Quando existem sobras de recurso, a administração financeira do caixa de curto prazo tem de encontrar o balanço entre o retorno de ativos financeiros pouco arriscados e de alta liquidez e os custos de transação envolvidos em manter recursos fora da conta-corrente da empresa.

Capital de giro, caixa e índices de liquidez

Os indicadores funcionam como forma mais direta de transferir informações sobre a situação da empresa aos seus usuários. No fundo, a utilização de índices segue uma análise de custo/benefício: índices são simples e diretos, mas não apresentam informação completa sobre a empresa, como ocorre em uma análise mais detalhada de administração de capital de giro.

Os índices servem, então, para transferir informações de forma concisa e direta para usuários internos ou externos da empresa.

Mas qual a relação entre as análises apresentadas, como a de capital circulante líquido, e os índices de liquidez? A resposta é que os índices são uma síntese da análise. Tome-se o índice de liquidez corrente:

Liquidez corrente (LC) = AC ÷ PC.

> **COMENTÁRIO**
>
> A liquidez corrente é um dos índices mais conhecidos e utilizados na análise de balanços. Indica de quanto a empresa *poderá* dispor em recursos de curto prazo (disponibilidades, clientes, estoques etc.) para pagar suas dívidas circulantes (fornecedores, empréstimos e financiamentos de curto prazo, contas a pagar etc.).

No fundo, o índice de liquidez corrente apresenta informação igual à veiculada na análise da administração do capital circulante líquido.

Essa análise também relaciona ativo e passivo circulantes, mas de forma mais sintética, com um índice único para representar a solvência da empresa.

Mais uma vez, é uma questão de custo/benefício: o índice apresenta a informação de forma compacta, e a análise do capital circulante líquido apresenta informações mais detalhadas.

A utilização de cada um depende do público e do tipo de informação necessária. Para um gerente de banco, por exemplo, o índice de liquidez pode ser melhor, dado que poupa tempo de análise. Para uma auditoria, por sua vez, quanto mais detalhada a informação, melhor; daí esse índice ser acompanhado de balanços, demonstrações e análises como a de capital circulante líquido.

Capítulo 2

Ponto de equilíbrio

A maior preocupação das empresas de hoje é determinar a quantidade mínima a ser vendida para evitar prejuízos. Neste capítulo, trabalharemos os meios para alcançar essa meta a contento, mas, para isso, temos de analisar, entre outros, o conceito de *ponto de equilíbrio*, ferramenta que deve ser muito bem administrada para que as empresas possam respirar mais tranquilamente. Trilhar o "caminho das pedras" inclui novas parcerias; além de revisitar páginas da contabilidade, temos de revisitar conceitos não menos importantes da economia. E na esteira do desenvolvimento do conceito de *ponto de equilíbrio*, trabalharemos, por meio de exemplos, outras variáveis igualmente importantes para ampliar nosso campo de visão.

Ponto de equilíbrio operacional, contábil, econômico e financeiro

O ponto de equilíbrio da empresa é derivado do conceito de escala mínima de produção: o ponto mínimo de produção que torna a empresa lucrativa, desde que não haja formação de estoques.

Esse conceito então tem como objetivo responder a uma das mais importantes questões de uma organização: qual o nível de vendas que faz com que a empresa não tenha prejuízo? Todo empreendedor tenta, mesmo que intuitivamente, ter a noção dessa resposta.

Os bons empresários conseguem uma estimativa efetiva do nível de vendas da empresa que elimina os prejuízos. É a partir dela que começam os lucros do empreendimento.

As variáveis necessárias para o cálculo do ponto de equilíbrio são simples e derivam de conceitos básicos da contabilidade e da economia.

Como a ideia é comparar o preço de mercado com o custo de produção da empresa, são necessários os conceitos de: *custo médio*, *custos fixos* e *custos variáveis*, além de *noções sobre o comportamento do preço de mercado*.

Custo médio

O custo médio da empresa (CMe) pode ser definido como a relação entre o custo total (CT) e a quantidade produzida (Q).

$CMe = CT \div Q$

Para calcular o custo médio, basta dividir todo o custo da empresa pela quantidade vendida (para simplificar estamos assumindo que tudo que seja produzido será vendido). O resultado é o custo, para a empresa, de cada unidade vendida.

Como o custo total é a soma dos custos fixos (CF) e variáveis (CV), temos:

$CMe = (CF + CVT) \div Q$.

> **COMENTÁRIO**
>
> A expressão *dividir todo o custo* é interessante. O que economistas chamam de todo o custo envolve qualquer situação em que a organização tenha de despender recursos, seja essa despesa operacional, financeira, direta ou indireta. Já na área de contabilidade, é importante dividir os custos em operacionais e financeiros, pois essa diferença resultará em diferentes conceitos de lucro, como Laji ou Lajir (lucro antes de juros e imposto de renda) e lucro líquido (lucro final da organização). Tomando-se somente os custos genuinamente operacionais no cálculo, tem-se um custo médio operacional, antes de despesas financeiras e impostos. Se somados os custos financeiros, tem-se que o custo médio resultante é igual ao cálculo dos economistas. Por enquanto, pode-se assumir que o custo médio calculado envolve todas as despesas operacionais da organização, já que as diferenças somente tornar-se-ão importantes mais à frente. Cabe ressaltar que os contadores chamam o *custo médio* de *custo unitário* e fazem distinções entre *custo* e *despesa*, o que não é relevante para a presente discussão.

Podemos dividir o custo médio em duas partes. A primeira é a parte do custo da empresa não suscetível às oscilações de volume, em uma escala predeterminada, ou seja, trata-se do custo fixo. Quando a empresa aluga um imóvel para suas atividades produtivas, por exemplo, o pagamento do aluguel será feito independentemente da quantidade que será produzida nesse imóvel.

A segunda parcela do custo médio é a parcela que envolve o custo variável de produção – aquele que guarda nítida correlação de causa e efeito com o volume, isto é, esse custo varia com a quantidade produzida – especialmente em relação à matéria-prima.

> **CONCEITO-CHAVE**
>
> Para simplificar a equação do custo médio, é necessário utilizar o conceito de custo variável unitário. O custo variável unitário pode ser definido como o custo de fatores variáveis para produzir uma unidade. Portanto:
> $CV = CVT \div Q$
> Assim, para a produção de pão, o custo variável unitário seria o custo de farinha, fermento e água para a produção de um pão.

Dessa forma, o custo médio de produção pode ser reescrito como:

CMe = CF ÷ Q + CV

Essa equação revela informações sobre a composição do custo médio da empresa. Uma parte do custo refere-se aos custos de insumos variáveis, como matérias-primas, para a produção do bem ou serviço da empresa (isso seria representado pelo custo variável unitário).

A outra parte dos custos são aqueles fixos, que não dependem da quantidade produzida, como aluguel das instalações, máquinas e equipamentos etc.

E o trabalho, seria custo fixo ou variável? Depende. Um trabalhador cuja remuneração seja baseada em comissão de vendas, por exemplo, representa um custo variável (se a comissão fosse de 3% sobre o valor da venda, seria somada ao custo variável unitário). Se, de outra forma, a remuneração do indivíduo for a mesma, independentemente de sua produtividade, pode ser considerada um custo fixo de produção.

Para ver como esses conceitos são aplicados no cálculo do custo médio de produção, temos o exemplo da empresa Quarles, com as características informadas no quadro 3.

QUADRO 3: CARACTERÍSTICAS DA QUARLES – PRODUTORA DE BOTÕES

A empresa Quarles produz botões de camisa, com vendas médias mensais de 10 mil lotes de 100 botões cada. É uma empresa pequena, com a seguinte estrutura: • um gerente com salário mensal de R$ 1.200; • quatro empregados com salários mensais de R$ 700 cada; • aluguel do imóvel no valor de R$ 1.000; • impostos (incluindo direitos trabalhistas) de R$ 2.000; • aluguel de máquinas no valor de R$ 400; • contas diversas no valor de R$ 800.	A produção de botões requer máquinas e plástico. O plástico é o custo variável de produção, e 1 quilo pode fazer 100 botões. Cada quilo custa, em média, R$ 1. Para calcular o custo médio de produção, então, temos de dividir os custos em: • fixos; • variáveis.

Neste exemplo, toda a estrutura da empresa apresenta custos fixos de produção. O custo fixo mensal da empresa está demonstrado na tabela 13.

TABELA 13: EXEMPLO DOS CUSTOS DE UMA MICROEMPRESA

Custo fixo	Valor mensal (R$)
Salário do gerente	1.200
Salário dos empregados	2.800
Aluguel do imóvel	1.000
Aluguel das máquinas	2.000
Impostos	400
Contas diversas	800
Total	8.200

O custo variável por lote de 100 unidades é de R$ 1, dado que o plástico é o único custo variável neste exemplo.

A quantidade que a empresa vende, em média, por mês é de 10 mil lotes. O custo médio da empresa é:

CMe = CF ÷ Q + CV = 8.200 ÷ 10.000 + 1 = 1,82. Cada lote de 100 botões apresenta o custo de produção de R$ 1,82.

Quais as implicações deste exemplo? No caso dessa empresa, R$ 1 do custo médio é representado pelo custo variável de produção, enquanto R$ 0,82 representa o pagamento pelos custos fixos de produção.

Algumas observações devem ser feitas, contudo, pois existem hipóteses implícitas na construção desse exemplo que nem sempre se verificam na prática.

1. O custo fixo total é constante: assume-se que todos os custos fixos dessa empresa são perfeitamente previsíveis. Para uma pequena empresa tal hipótese é razoável, mas dificilmente os custos fixos são constantes e previsíveis em uma empresa de maior porte.

2. Todos os pagamentos são feitos no mesmo mês: pagamentos a fornecedores de matérias-primas, além de outras despesas da empresa, são efetuados no tempo analisado. No exemplo da Quarles, o período é de um mês. Isso significa que, durante aquele mês, são esperados os pagamentos apresentados. Na prática isso não acontece e essa é a principal razão pela qual o equilíbrio econômico é diferente do financeiro. Como, na realidade, fluxos de pagamentos e recebimentos têm prazos diferentes, devem todos ser trazidos a um só período para comparação.

3. Custo variável unitário constante, a mais importante das hipóteses. Significa que o custo de matérias-primas não varia com a quantidade produzida; isto quer dizer que o custo do plástico para fazer 100 botões é de R$ 1, não importa a quantidade de plástico comprada pela empresa.

Esta hipótese não é realista porque, na prática, o processo de negociação entre a empresa e o fornecedor vai permitir que esse preço seja menor se a empresa comprar maior quantidade do produto.

O fato de as hipóteses acima serem necessárias para um cálculo simples do custo médio de produção não invalida o conceito, pois, mesmo assim, sua análise pode trazer informações importantes sobre a estrutura de custos de uma empresa.

Estrutura de custos e economias de escala: o ponto de equilíbrio (*break-even point*)

No exemplo da empresa Quarles, a produção de botões apresenta uma estrutura de custos voltada para o custo variável de produção. Este é, portanto, o elemento mais relevante dentro da sua estrutura de custos.

Outras empresas, por sua vez, apresentam estruturas de custo voltadas para o custo fixo. Como exemplo, uma empresa siderúrgica gasta milhões de reais por mês para manter sua estrutura e pagar salários; nesse caso, a empresa apresenta uma economia de escala.

Economias de escala surgem quando a empresa apresenta uma estrutura voltada para o custo fixo de produção. Assim, quanto mais a empresa produz, mais esse custo é diluído. Esse conceito é razoavelmente intuitivo, dado que é simples raciocinar que, se uma empresa produz mais, seu custo médio diminui.

Isso acontece porque, se CMe = CF ÷ Q + CV, então, quanto maior o denominador Q, menor o quociente CF ÷ Q e, portanto, menor o custo médio.

EXEMPLO

Uma determinada empresa apresenta os seguintes custos:
custo fixo = R$ 5 milhões por mês;
custo variável unitário = R$ 100.
Para maiores níveis de produção, obtêm-se menores custos médios, conforme a tabela 14.

TABELA 14: RELAÇÃO ENTRE QUANTIDADE E CUSTO MÉDIO

CF total (R$)	CV unitário (R$)	Quantidade	Custo médio (R$)
5.000.000	100	1.000	5.100
5.000.000	100	2.000	2.600
5.000.000	100	5.000	1.100
5.000.000	100	10.000	600
5.000.000	100	20.000	350
5.000.000	100	50.000	200
5.000.000	100	100.000	150

Os resultados da tabela acima são interessantes porque mostram como se comporta o custo médio da empresa com o aumento da escala de produção quando os custos fixos são significativos.

No exemplo acima, então, quando a quantidade produzida aumenta de mil para 2 mil unidades, o custo médio diminui de R$ 5.100 para R$ 2.600.

> **EXEMPLO**
>
> Na mesma tabela, quando a produção passa de 5 mil para 10 mil unidades, o custo médio cai de R$ 1.100 para R$ 600. Tal queda representa economia de custo para a empresa, que consegue diminuí-lo aumentando sua escala de produção.
> Graficamente, para a situação acima, pode-se representar o custo médio em função da quantidade, como ilustrado no gráfico da figura 6.
>
> FIGURA 6: RELAÇÃO ENTRE CUSTO MÉDIO E QUANTIDADE
>
> [Gráfico: eixo vertical CMe com valores 5.100, 2.600, 1.100, 600, 350; eixo horizontal Q com valores 1.000, 2.000, 5.000, 10.000, 20.000; curva decrescente]
>
> Como pode ser percebido no gráfico, à medida que a quantidade produzida aumenta, o custo médio de produção diminui.
> Para uma quantidade produzida de mil unidades, o custo é de R$ 5.100 por unidade. Quando a quantidade aumenta para 2 mil unidades, o custo cai para R$ 2.600, e assim por diante.

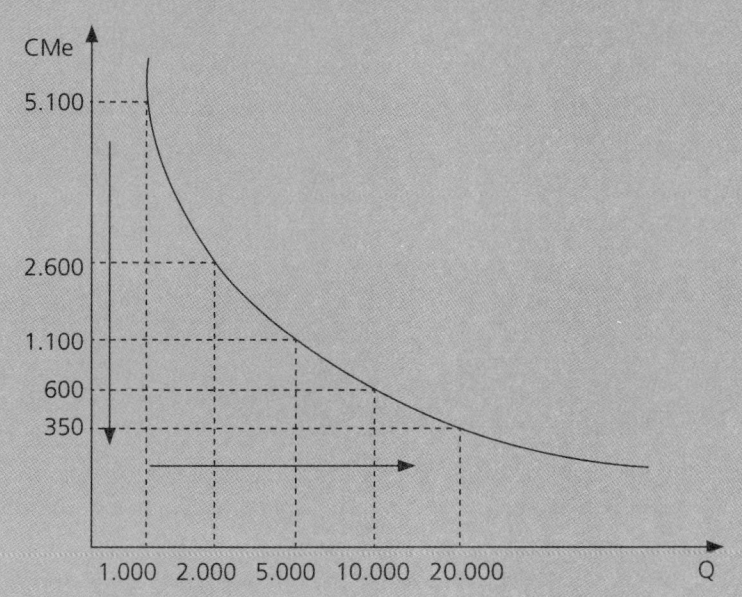

Logo, podemos concluir que *o custo médio é decrescente*, e a razão pela qual há o decréscimo depende da relação entre custos fixos e variáveis, ou seja:

1. quanto maior o custo fixo, mais decrescente é o custo médio;
2. quanto maior o custo variável, mais linear é o custo médio (= menor é o decréscimo deste).

Isso, claro, se assumirmos as hipóteses do exemplo da empresa Quarles, que o custo variável unitário é constante etc.

A ideia do conceito de *ponto de equilíbrio* (ou *break-even point*) é a de que se pode calcular o ponto de equilíbrio comparando o preço de mercado com o custo médio da empresa. Esta equação afirma que o lucro da empresa é igual à receita menos os custos.
Se a empresa produz somente um item, pode-se visualizar sua receita total (RT) como:
RT = P × Q, sendo:
- P = preço do item dado pelo mercado;
- Q = quantidade que a empresa vende.

A maximização econômica de lucros é:
LT = RT − CT, sendo:
- LT = lucro total;
- RT = receita total;
- CT = custo total.

O custo total, por sua vez, pode ser definido como:
CT = CMe × Q, sendo:
CMe = custo médio de produção da empresa.

O lucro total da empresa pode ser reescrito como:
LT = (P − CMe) × Q

O lucro econômico pode ser definido como uma margem de lucro (= P − CMe) multiplicada pela quantidade vendida (se assumirmos, mais uma vez, que não há estoques).
Nesse sentido a situação da empresa pode ser uma das três apresentadas a seguir.
1. *O custo médio da empresa, que contempla todos os custos, é maior que o preço.*
Se CMe > P, a empresa terá prejuízo, pois P − CMe = valor negativo. Portanto, o lucro total (LT) da empresa também será um valor negativo. Isso significa dizer que o preço de venda do produto não é suficiente para cobrir todos os custos de produção, que envolvem os custos fixos e os variáveis.
2. *O preço é maior que o custo médio.*
Esta é a situação na qual a empresa obtém lucro, dado que P − CMe = valor positivo. Portanto, o lucro total será positivo.
3. *O preço é igual ao custo médio* − Nesta situação, é definido o ponto de equilíbrio (*break-even point*).
A empresa obtém lucro zero, já que P − CMe = 0. Portanto, o lucro total é zero.
O interesse no ponto de equilíbrio se dá porque, a partir dele, pode-se encontrar a escala mínima de produção que transforma a empresa em um empreendimento lucrativo ou, ao menos, faz com que ela pare de apresentar prejuízo. Graficamente, pode-se visualizar isso de duas formas.
Dado um preço "P" qualquer, a relação entre lucro e quantidade é dada por:

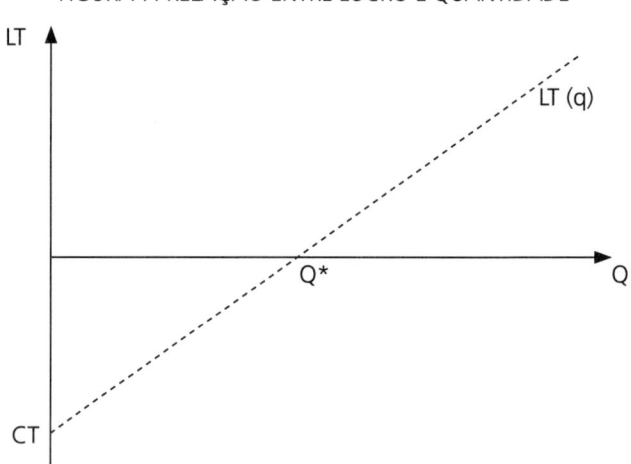

FIGURA 7: RELAÇÃO ENTRE LUCRO E QUANTIDADE

O gráfico mostra como se comporta o lucro da empresa à proporção que a quantidade vendida aumenta. Se a empresa não produz nem vende nenhuma quantidade, o lucro terá um valor negativo equivalente ao montante dos custos fixos. Conforme a empresa aumenta sua produção e suas vendas, no entanto, passa a pagar o custo fixo até o ponto Q*, em que seu lucro é zero. Esse ponto é o ponto de equilíbrio da empresa.

De outra forma, olhando-se a curva de custo médio da empresa, tem-se:

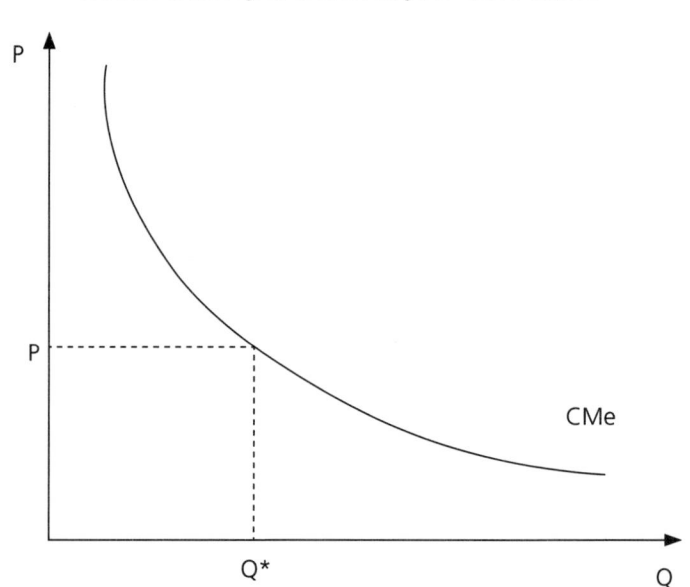

FIGURA 8: RELAÇÃO ENTRE PREÇO E CUSTO MÉDIO

No ponto em que o preço se iguala ao custo médio, são definidos o ponto de equilíbrio e a escala mínima de vendas da empresa. Se estas forem menores que o montante definido na escala mínima (Q*), a empresa apresentará prejuízo, como disposto no gráfico da figura 9.

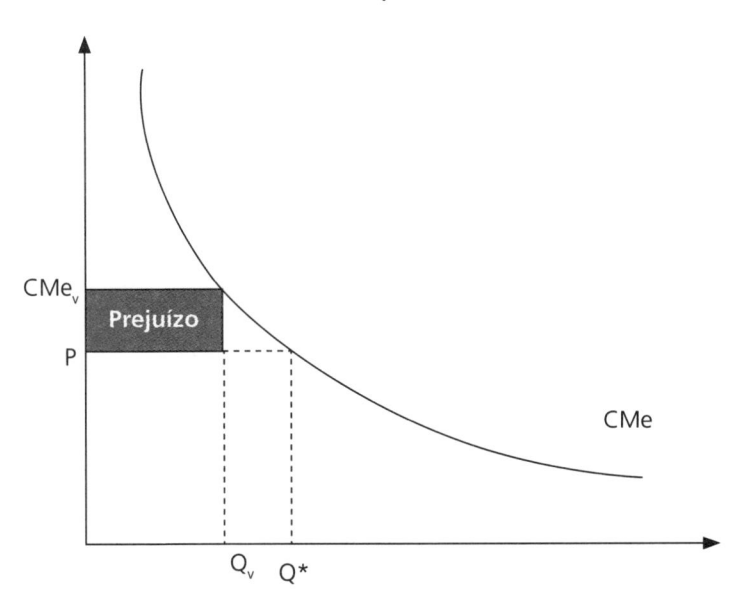

FIGURA 9: O MOMENTO EM QUE SE VERIFICA PREJUÍZO

Se a empresa vender Q_v, uma quantidade menor que a definida na escala mínima de produção (Q*), o custo médio associado será CMe_v.

Como CMe_v é maior que o preço do produto (P), isso significa que a empresa estará vendendo cada unidade do produto por um preço que não cobre seus custos. Portanto, haverá prejuízo.

Por sua vez, se a empresa consegue vender uma quantidade Q_v maior que a definida na escala mínima de vendas (Q*), o custo médio (CMe_v) diminui e, com isso, a empresa passa a ter lucro.

Dessa forma, a escala mínima de produção revela um dado extremamente importante para o empreendedor: a quantidade mínima de vendas que faz com que a empresa pare de ter prejuízo ou, visto de outra forma, a quantidade mínima de vendas a partir da qual a empresa passa a ter lucro (figura 10).

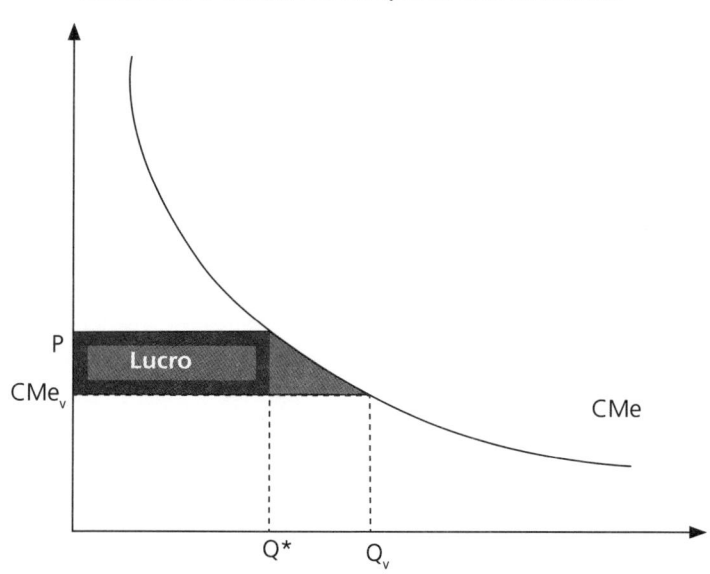

FIGURA 10: O MOMENTO EM QUE SE VERIFICA LUCRO

No caso da empresa Quarles, a estrutura é:
- custo fixo = R$ 8.200;
- custo variável unitário = R$ 1 por lote.

Se o preço de mercado do lote de botões for de R$ 2, a escala mínima de vendas pode ser determinada como:
$P = CMe = CF \div Q + CV$, ou seja, $P = CF \div Q + CV$

Reescrevendo essa equação:
$Q^* = CF \div P - CV$

Assim, se:
CF = R$ 8.200;
CV = R$ 1;
P = R$ 2;

$Q^* = 8.200 \div (2 - 1) = 8.200$ lotes/mês.

A quantidade definida na escala mínima de vendas da empresa é de 8.200 lotes/mês. Caso a empresa venda menos que isso, haverá prejuízo. Por outro lado, se as vendas forem maiores, a empresa apresentará lucro.

Graficamente, temos a figura 11.

FIGURA 11: REPRESENTAÇÃO GRÁFICA DO DESEMPENHO DA EMPRESA QUARLES

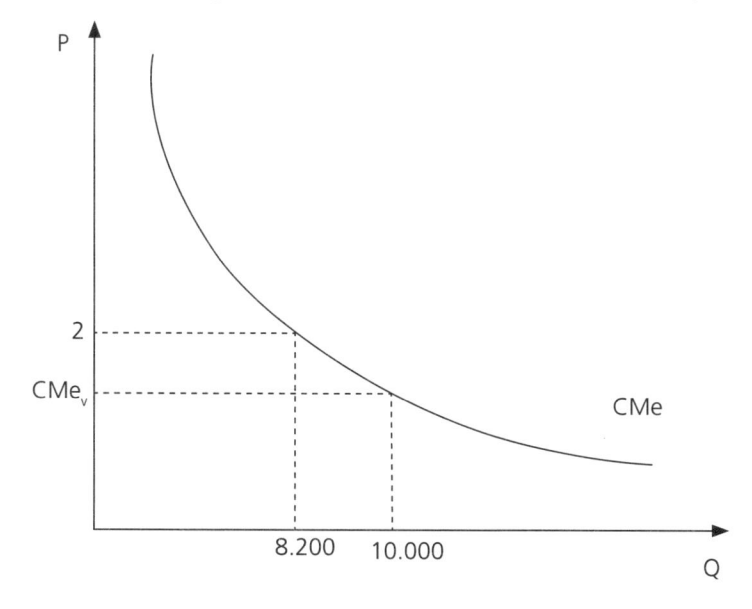

Temos, então, que para o preço de R$ 2, o montante definido na escala mínima de vendas é de 8.200 lotes por mês. Como a empresa vende hoje, em média, 10 mil lotes por mês, concluímos que há lucro.

Mais ainda, pode-se determinar o custo médio efetivo, o lucro da empresa e a receita total.

Diferenças entre equilíbrio operacional, contábil, financeiro e econômico

O desenvolvimento do conceito de ponto de equilíbrio até agora envolveu a comparação do preço de mercado com o custo médio de produção. Contudo, como já observado, existem diferentes formas de medir o custo médio, dependendo dos custos a serem incluídos no cálculo. Isso resulta em diferentes formas de calcular o lucro da organização.

> **COMENTÁRIO**
>
> Existe uma diferença em termos de terminologia em relação a Braga (1995). Para manter a lógica com toda a literatura de contabilidade financeira escolheu-se diferenciar equilíbrios operacional, contábil, financeiro e econômico. Braga (1995) chama de equilíbrio contábil o que, aqui, chama-se de operacional e de financeiro, o que aqui é apresentado como contábil. É essencial ter essa diferença em mente quando da leitura da bibliografia recomendada.

Equilíbrio operacional

O cálculo desse tipo de equilíbrio envolve o Laji (lucro antes dos juros e dos impostos) da empresa, o ponto de equilíbrio operacional. Nesse caso, os custos fixos (e os variáveis) necessários para o cálculo referem-se aos custos da empresa sem considerar os custos financeiros. Desse modo, o cálculo do ponto de equilíbrio se daria por:

Laji = RT − CT

Como o ponto de equilíbrio se dá quando o lucro é zero, o Laji seria zero e a utilidade do cálculo desse ponto de equilíbrio seria mostrar a partir de que ponto a empresa passa a ter lucro operacional (LO), a partir de que ponto de vendas a empresa consegue cobrir todos os seus custos operacionais.

Equilíbrio contábil

O cálculo do equilíbrio contábil envolve todos os custos da empresa, inclusive o financeiro.

Lair (lucro antes do imposto de renda ou LL) = RT − CT

COMENTÁRIO
Nesse caso tanto faz utilizar Lair como LL porque, quando o Lair é igual a zero, não há pagamento de impostos e, portanto, LL também é zero.

O LL igual a zero para o cálculo do equilíbrio da empresa significa, na verdade, que esse equilíbrio representa o ponto no qual a empresa terá lucro igual a zero. Portanto, é o ponto de vendas no qual a empresa paga todos os seus custos, inclusive os financeiros.

De outra forma, se a empresa tem lucro líquido igual a zero, isso significa que gerou receita suficiente para pagar todos os seus custos, inclusive os financeiros.

A diferença entre os pontos de equilíbrio operacional e contábil é a quantidade a ser vendida para pagar os encargos financeiros da empresa. Isto é, o ponto de equilíbrio contábil representa quanto a empresa tem de vender para pagar seus custos operacionais. Mas como a empresa também apresenta custos financeiros, é necessário vender mais, para também pagar esses custos.

Como exemplo numérico, se o equilíbrio contábil da empresa Laplace for de 800 unidades por mês e o financeiro, de mil unidades, a diferença, 200 unidades, é o que a empresa tem de vender para atender às demandas financeiras.

Equilíbrio financeiro

O ponto de equilíbrio financeiro é aquele volume de vendas em que o fluxo de caixa líquido gerado é zero. Isso significa que só entram na conta os resultados efetivamente financeiros da empresa, como aqueles desembolsos necessários para amortizar dívidas e pagar dividendos. As despesas com depreciação são retiradas do cálculo do ponto de equilíbrio financeiro, pois não representam dispêndios financeiros por parte da empresa.

Assim, se não houver depreciação, não haverá diferença entre os equilíbrios financeiro e contábil.

Utilizando o mesmo exemplo numérico da seção anterior, se a empresa Laplace necessitar vender, para amortizar as dívidas e pagar os dividendos, 100 unidades, o equilíbrio financeiro será concretizado com vendas de 900 unidades – já que o equilíbrio operacional é de 800 unidades.

Equilíbrio econômico

O equilíbrio econômico relaciona-se ao custo de oportunidade (CO) do dinheiro, como esclarece o quadro 4.

QUADRO 4: RELAÇÃO ENTRE EQUILÍBRIO ECONÔMICO E CUSTO DE OPORTUNIDADE

| *1.* Suponha, da seção anterior, que: equilíbrio contábil = mil unidades; volume de vendas = mil unidades. Se esse é o ponto de equilíbrio, o lucro líquido da empresa é 0 (= zero), ou seja, a empresa não obtém nenhum lucro, mas também nenhum prejuízo. | *2.* Embora pareça que, a partir desse nível de vendas, a empresa passe a ter lucro real, na verdade não é assim. Isso porque o capital próprio investido na empresa (patrimônio líquido) poderia estar investido em alguma instituição financeira. Nesta última situação, o capital próprio estaria rendendo juros. | *3.* Imagine que essa empresa tenha um patrimônio líquido de R$ 100.000. Se a taxa de juros oferecida pelo sistema financeiro for de 1% ao mês, a empresa só terá resultado positivo, do ponto de vista econômico, se apresentar uma rentabilidade acima de 1% ao mês (= R$ 1.000). O verdadeiro equilíbrio econômico somente se dá quando a empresa vende o suficiente para ter um lucro de R$ 1.000. |

A partir da utilização do método da taxa interna de retorno (TIR), o investimento será atrativo se sua rentabilidade for superior à taxa de juros oferecida pelo sistema financeiro.

Se a rentabilidade for menor, o investimento não será atrativo, pois ficará claro que é mais interessante aplicar o patrimônio líquido à taxa de 1% ao mês. Se a rentabilidade for igual à taxa de juros, o investimento e a aplicação no sistema financeiro serão equivalentes, ou seja, teremos o equilíbrio.

A partir da utilização do método do valor presente líquido (VPL), o investimento só será atrativo se o retorno monetário obtido for superior ao retorno da aplicação, no caso, R$ 1.000. Nesse caso, teremos VPL positivo.

Para VPL negativo, o investimento não será atrativo, já que o retorno monetário proporcionado será menos de R$ 1.000.

Se esse retorno for igual a R$ 1.000, teremos VPL = 0 e as duas opções serão equivalentes: mais uma vez, o equilíbrio.

Então, para obter um lucro líquido de R$ 1.000, a empresa terá de vender 1.200 unidades.

Com isso, os resultados para os equilíbrios operacional, contábil, financeiro e econômico seriam os demonstrados no quadro 5.

QUADRO 5: DIFERENÇAS ENTRE PONTOS DE EQUILÍBRIO OPERACIONAL, CONTÁBIL, FINANCEIRO E ECONÔMICO

Equilíbrio	Cálculo	Quantidade	Observação
Operacional	Laji = 0	800	Equilíbrio no qual as vendas pagam todos os custos operacionais da empresa.
Contábil	LL = 0	1.000	Equilíbrio no qual as vendas pagam os custos operacionais, os financeiros e os impostos da empresa.
Financeiro	FC = 0	900	Equilíbrio no qual o fluxo de caixa (FC) é zero. Somente entram no cálculo os desembolsos efetivos da empresa.
Econômico	LL + CO = 0	1.200	Equilíbrio no qual as vendas pagam o equilíbrio contábil e o custo de oportunidade dos recursos próprios. Aqui, as receitas se igualam ao somatório das despesas.

Cada ponto de equilíbrio revela uma informação sobre o funcionamento da empresa. No primeiro, tem-se o equilíbrio operacional, no qual as vendas pagam todos os custos operacionais. No segundo, as vendas também pagam os custos financeiros. No terceiro, são considerados somente os ingressos de caixa e os desembolsos efetivos. No quarto, as vendas pagam o equilíbrio contábil e o custo de oportunidade do PL.

Todos eles são calculados da mesma forma:

- para o cálculo do ponto de equilíbrio contábil, somente serão adicionados os custos financeiros ao cálculo do ponto de equilíbrio operacional;

- para o cálculo do ponto de equilíbrio financeiro, será retirada a depreciação;
- para o cálculo do ponto de equilíbrio econômico, será inserido o custo de oportunidade.

Ponto de equilíbrio para uma empresa multiproduto

O cálculo do ponto de equilíbrio, até o momento, foi feito com a suposição de que a empresa produz um único bem ou serviço. Aqui, a fórmula que sintetiza o cálculo do ponto de equilíbrio é dada por:

$P = CMe$ ou $P = CF \div Q^* + CV$ ou, calculando em função da quantidade, $Q^* = CF \div (P - CV)$.

Essa equação define a quantidade que a empresa precisa vender para não ter prejuízos. Aqui, estamos assumindo a inexistência de estoques.

Embora muitas empresas produzam ou comercializem um único produto, um número igual ou maior de empresas produz e/ou comercializa mais de um produto, algumas delas vendem dezenas ou centenas de produtos diferentes – são as empresas multiproduto.

> **COMENTÁRIO**
>
> A pergunta importante então é: *Quão válida é a análise do ponto de equilíbrio desenvolvida até o momento para empresas multiproduto?*
> Com modificações, a análise é tão válida quanto no caso de uma empresa que produz e/ou vende somente um produto.

Primeiramente, pode-se visualizar o caso para uma empresa que produz e/ou vende dois produtos e depois generalizar para n produtos.

Para criar o caso de uma empresa e dois produtos (chamados *produto 1* e *produto 2*), considerem-se as variáveis:

- Q_1: quantidade a ser vendida do produto 1;
- Q_2: quantidade a ser vendida do produto 2;
- CV_1: custo variável unitário do produto 1;
- CV_2: custo variável unitário do produto 2;
- CF_1: custo fixo associado somente à produção de 1;
- CF_2: custo fixo associado somente à produção de 2;
- P_1: preço do produto 1;
- P_2: preço do produto 2.

Note-se a introdução de duas variáveis, CF_1 e CF_2. Essas variáveis representam os custos fixos associados somente à produção de cada produto específico.

Assim, obtêm-se três custos fixos:

- CF = custo fixo comum aos dois produtos (por exemplo, a estrutura administrativa comum);
- CF_1 = custo fixo específico do produto 1 (por exemplo, uma máquina específica para sua produção);
- CF_2 = custo fixo específico do produto 2 (por exemplo, o salário de funcionários que trabalham especificamente na produção de 2).

Então, o custo fixo total (CFT) da empresa é:
$CFT = CF + CF_1 + CF_2$.

A receita total da empresa é:
$RT = P_1Q_1 + P_2Q_2$.

O custo total é:
$CT = CF + CF_1 + CF_2 + CV_1Q_1 + CV_2Q_2$; ou $CFT + CV_1Q_1 + CV_2Q_2$.

O custo médio da empresa é:
$CMe = CT \div Q = (CFT + CV_1Q_1 + CV_2Q_2) \div Q = CFT \div Q + CV_1 + CV_2$.

Embora a equação mostre o custo médio da empresa em função do custo fixo e do custo variável unitário de cada produto, não faz muito sentido pensar em um custo médio composto de dois produtos.

Ou será que é normal uma empresa se referir ao custo de R$ 50 para produzir um livro e um caderno escolar? Para preservar a análise do ponto de equilíbrio, é preciso separar os produtos e calcular o ponto de equilíbrio para cada produto separadamente, como se a empresa se subdividisse em duas, uma produziria P1 e a outra, P2.

Não podemos esquecer que existe uma variável comum à produção de 1 e 2: o custo fixo. Para determinar o ponto de equilíbrio de uma empresa multiproduto, então, é preciso distribuir o custo fixo comum à produção de 1 e 2 separadamente, isto é, uma parte do CF para a produção de 1 e a outra parte para a produção de 2.

Por que isso? Tome-se a equação de custos totais para uma empresa que produz um único produto e para uma multiproduto:

Para a primeira:
$CT = CF + CV \times Q$.

Para a segunda:
$CT = CF + CF_1 + CF_2 + CV_1Q_1 + CV_2Q_2$; ou: $CT = CF + (CF_1 + CV_1Q_1) + (CF_2 + CV_2Q_2)$.

Cada termo (entre parênteses) da equação é virtualmente idêntico aos termos da equação de custos totais para a empresa que produz somente um produto.

O termo excedente, CF, deve, então, ser distribuído entre os termos que estão entre parênteses para que o CT da empresa multiproduto seja o custo do produto 1 mais o custo do produto 2.

Com isso, pode-se então considerar cada produto separadamente e calcular o ponto de equilíbrio operacional para cada um deles exatamente como no início do capítulo.

Outra maneira de visualizar a fórmula do custo médio para a empresa multiproduto é:
$CMe = CFT \div Q + CV$.
Como $CFT = CF + CF1 + CF2$,
$CMe = (CF + CF_1 + CF_2) \div (Q_1 + Q_2) + CV_1 + CV_2$.

Essa fórmula não tem muita racionalidade econômica, dado que não é lógico determinar um custo médio composto.

> **COMENTÁRIO**
> A saída é separar o custo fixo comum a cada produto e analisar o ponto de equilíbrio de cada um.

A questão é *como fazer isso?* São duas as principais formas de fazê-lo:
(i) utilização de dados históricos;
(ii) estabelecimento de metas de planejamento.

Há também como determinar estratégias mistas que combinem essas duas formas.

A utilização de dados históricos

Por essa forma, o custo fixo de cada produto é determinado pela contribuição histórica às receitas da empresa. Pode-se fazer uma média aritmética simples das contribuições e usar esse dado para planejar o ponto de equilíbrio atual.

Tomemos como exemplo os dados históricos de vendas da empresa Acktual, cuja linha de produtos é composta de óleos lubrificantes e óleos resinoides, que são informados na tabela 15.

TABELA 15: HISTÓRICO DE VENDAS DA EMPRESA ACKTUAL

Ano	Óleos lubrificantes (R$)	Óleos resinoides (R$)	Vendas totais (R$)
1999	100.000	115.000	215.000
2000	200.000	90.000	290.000
2001	150.000	115.000	265.000
2002	125.000	105.000	230.000
2003	175.000	100.000	275.000
2004	130.000	90.000	220.000
2005	170.000	85.000	255.000
Média	150.000	100.000	250.000
Contribuição	60%	40%	100%

Vê-se que, ao longo dos anos, a média das contribuições para as vendas da empresa é de 60% para óleos lubrificantes e 40% para óleos resinoides.

Vamos estabelecer que os custos fixos comuns são distribuídos do seguinte modo:

- 60% para o primeiro;
- 40% para o segundo.

Desse modo, teremos:

- custo fixo comum = R$ 50.000;
- custo fixo para a produção de óleos lubrificantes = R$ 40.000;
- custo fixo para a produção de óleos resinoides = R$ 30.000.

Ainda:

- preço do litro de óleo lubrificante para revenda = R$ 8;
- custo variável unitário = R$ 3;
- preço médio de mercado do litro de óleo resinoide = R$ 4;
- custo variável unitário = R$ 1,5.

Separando o cálculo do ponto de equilíbrio para cada produto, temos:

(a) para os óleos lubrificantes:

- custo fixo total = R$ 40.000 (custo específico para a produção de óleos lubrificantes) + R$ 30.000 (60% do custo fixo comum, de R$ 50.000) = R$ 70.000:
- Q* = CF ÷ (P − CV) = 70.000 ÷ (8 − 3) = 70.000 ÷ 5 = 14.000 litros de óleos lubrificantes.

(b) Para os óleos resinoides:

- custo fixo total = R$ 30.000 (custo específico para a produção de óleos resinoides) + R$ 20.000 (40% do custo fixo comum, de R$ 50.000) = R$ 50.000:
- Q* = CF ÷ (P − CV) = 50.000 ÷ (4 − 1,5) = 50.000 ÷ 2,5 = 20.000 litros de óleos resinoides.

Assim chega-se ao ponto de equilíbrio para cada produto.

Para óleos lubrificantes, a empresa deve vender 14 mil litros para não ter prejuízo; já o ponto de equilíbrio para óleos resinoides é de 20 mil litros.

A análise multiproduto mostrou que devemos separar os custos fixos para que, determinada a contribuição de cada produto, seja possível cobri-los. Uma vez feito isso, é possível calcular o ponto de equilíbrio para cada produto separadamente. No caso do cálculo efetuado para um único produto, as implicações são as mesmas.

Graficamente, no caso da empresa multiproduto, teremos a situação ilustrada nas figuras 12 e 13.

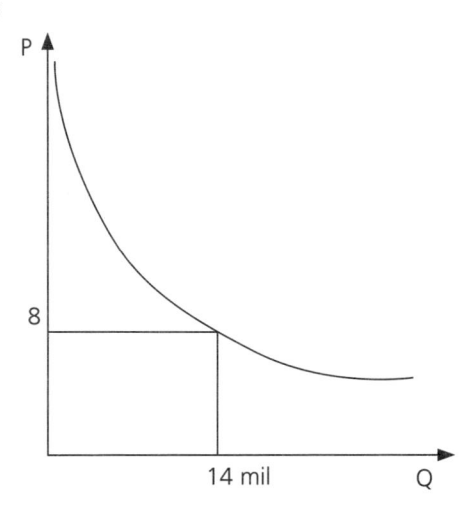

FIGURA 12: PONTO DE EQUILÍBRIO NUMA EMPRESA MULTIPRODUTO (P1)

Óleos lubrificantes

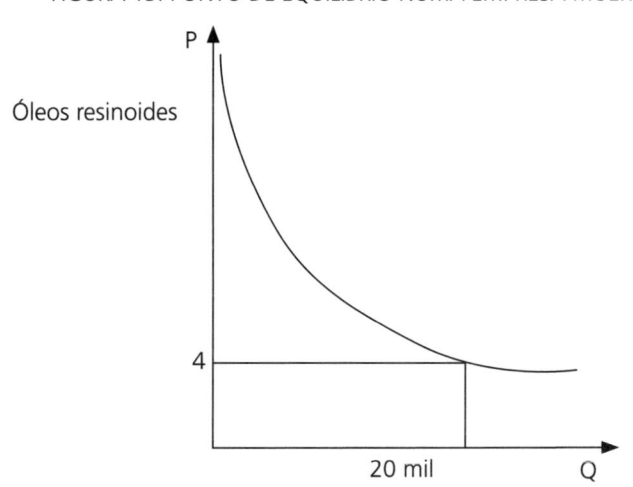

FIGURA 13: PONTO DE EQUILÍBRIO NUMA EMPRESA MULTIPRODUTO (P2)

Óleos resinoides

(Gráfico: curva decrescente com eixo P e Q, indicando ponto em P=4 e Q=20 mil)

A empresa passa a ter um ponto de equilíbrio para cada produto, com as mesmas propriedades que um só produto teria em caso de produto único. Como exemplo, se o preço de revenda de óleos lubrificantes aumenta, a quantidade vendida que cobre todos os custos desse produto diminui, como seria de se esperar.

Um ponto importante a observar no caso de uma empresa multiproduto é que ela tem a possibilidade de subsidiar a produção de um bem com os resultados operacionais dos outros.

Imagine uma empresa que saiba que terá problemas de vendas com um produto, no caso do exemplo, com óleos resinoides. Embora o ponto de equilíbrio seja de 20 mil, a empresa tem expectativa de vendas de somente 18 mil nesse período, mas com perspectivas de, no médio prazo, ter um produto lucrativo. Ela pode aumentar a contribuição dos custos fixos cobertos pelas vendas de óleos lubrificantes e diminuir temporariamente a contribuição de óleos resinoides.

A outra forma de determinar a contribuição de cada produto para cobrir os custos fixos comuns é relacionar essa contribuição ao planejamento estratégico da empresa.

A partir do exemplo anterior, a empresa pode ter um planejamento de produção de longo prazo que indique o produto mais importante dentro do seu portfólio, com cerca de 70% das vendas: óleos lubrificantes.

Nesse caso, a única alteração em relação ao caso anterior se deve ao percentual de 70% para esse produto.

A empresa estaria, portanto, utilizando o ponto de equilíbrio como ferramenta de análise não somente operacional, mas também do comportamento de médio prazo para que a realidade da empresa convirja para o planejado.

O único problema com essa abordagem é que ela parte da suposição de que a empresa tem um nível ideal de contribuição para cada produto de sua linha, o que nem sempre é o caso. Ainda assim, permanece uma abordagem interessante por reunir a realidade de vendas necessária para cumprir os objetivos estratégicos da empresa.

Em resumo, o problema de determinar o ponto de equilíbrio para uma empresa que produz dois ou mais produtos é determinar o quanto cada produto contribui na cobertura de seus custos fixos. Uma vez feito isso, é possível calcular o ponto de equilíbrio do mesmo modo que uma empresa de produto único o faria.

Os resultados representam, então, o ponto de equilíbrio de cada produto e, sobre eles, é possível, inclusive, calcular as margens de segurança absoluta e relativa.

Estendendo o ponto de equilíbrio para uma empresa n produtos

Muitas empresas produzem e/ou comercializam linhas inteiras de produtos, algumas têm mais de 30 produtos em catálogo.

Será que a análise do ponto de equilíbrio teria validade nesses casos? Que informações tal análise daria a um administrador, caso a empresa vendesse muitos produtos diferentes?

Na verdade, uma vez compreendida a extensão do problema para uma empresa que produz dois produtos, é natural a extensão do raciocínio a uma empresa que produz n produtos. O problema é o mesmo, determinar a contribuição de cada produto para cobrir os custos fixos da empresa.

Cada produto tem um preço e um custo variável unitário próprios. Para o cálculo do ponto de equilíbrio, são necessárias três informações:

- o preço do produto;
- o custo fixo de produção;
- o custo variável unitário.

Como, para cada produto, o preço e o custo variável unitário são conhecidos, resta determinar a contribuição de cada produto para cobrir os custos fixos da empresa.

Tomemos o exemplo de uma empresa que produz cinco produtos: A, B, C, D, E. Vamos considerar que os custos fixos são todos comuns e que preços e custos variáveis unitários se encontram na tabela 16.

TABELA 16: PREÇO E CUSTO VARIÁVEL NUMA EMPRESA MULTIPRODUTO

Produto	Preço (R$)	Custo variável unitário (R$)
A	10	8
B	20	10
C	15	11
D	14	9
E	18	10

Se os custos fixos forem: (a) de R$ 40.000; e (b) distribuídos igualmente para cada produto (cada produto contribuirá com R$ 8.000 para cobrir os custos fixos da empresa), o cálculo de cada ponto de equilíbrio se fará conforme abaixo.

Para o produto A:
Q = CF ÷ (P − CV) = 8.000 ÷ (10 − 8) = 8.000 ÷ 2 = 4.000.

Para o produto B:
Q = CF ÷ (P − CV) = 8.000 ÷ (20 − 10) = 8.000 ÷ 10 = 800.

Para o produto C:
Q = CF ÷ (P − CV) = 8.000 ÷ (15 − 11) = 8.000 ÷ 4 = 2.000.

Para o produto D:
Q = CF ÷ (P − CV) = 8.000 ÷ (14 − 9) = 8.000 ÷ 5 = 1.600.

Para o produto E:
Q = CF ÷ (P − CV) = 8.000 ÷ (18 − 10) = 8.000 ÷ 8 = 1.000.

Temos então que, para os produtos A, B, C, D e E, os respectivos pontos de equilíbrio são de 4 mil, 800, 2 mil, 1.600 e mil unidades.

Essa informação é útil, pois a empresa tem como estabelecer metas de venda para cada produto e também pode acompanhar o desempenho de cada produto em relação à participação de suas vendas no lucro auferido.

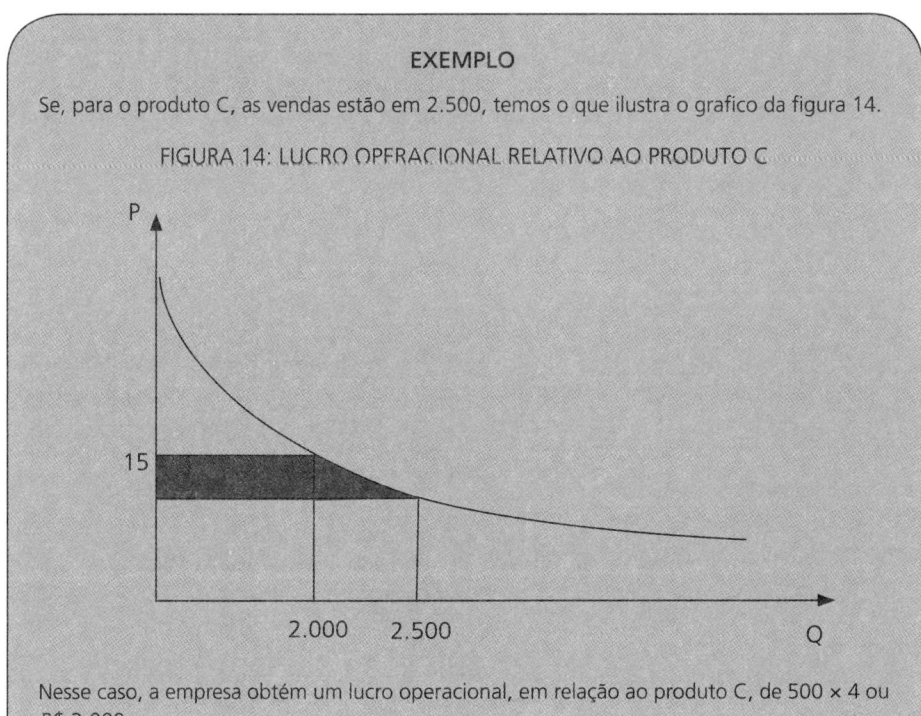

EXEMPLO

Se, para o produto C, as vendas estão em 2.500, temos o que ilustra o grafico da figura 14.

FIGURA 14: LUCRO OPERACIONAL RELATIVO AO PRODUTO C

Nesse caso, a empresa obtém um lucro operacional, em relação ao produto C, de 500 × 4 ou R$ 2.000.

PONTO DE EQUILÍBRIO | 61

> **COMENTÁRIO**
>
> A empresa vende 500 unidades a mais que o valor do ponto de equilíbrio, e a margem desse produto é de R$ 4 [= R$ 15 (preço do produto) − R$ 11 (custo variável unitário)]. Assim, as vendas desse produto servem para cobrir sua parcela dos custos fixos e ainda apresentam lucro operacional para a empresa.

Ao ser feita para os outros produtos, a análise do ponto de equilíbrio serve para mostrar os patamares mínimos de vendas de cada um deles para que a empresa não tenha prejuízo. Essa análise também mostra como os produtos se comportam, dados os atuais níveis de vendas.

Mas as restrições, para o caso da empresa que vende dois produtos, continuam válidas: deve-se utilizar algum método para determinar a contribuição de cada produto para cobrir os custos fixos da empresa, seja pela média histórica ou por decisões estratégicas da empresa.

Em resumo, o conceito de ponto de equilíbrio é uma poderosa ferramenta para que o administrador tenha capacidade de analisar volumes mínimos de vendas para que a empresa apresente lucro.

Mesmo tendo cuidado com as hipóteses restritivas, como as de custo variável unitário constante, as de inexistência de estoques etc., o cálculo do ponto de equilíbrio pode revelar diversas informações relevantes para o administrador.

Margem de segurança

O conceito de *margem de segurança* é derivado da análise do ponto de equilíbrio como desenvolvido neste capítulo.

É um conceito relativamente simples, que mostra o quanto a empresa produz acima do ponto de equilíbrio, mostra a *folga* que a empresa tem para lidar com eventuais oscilações de mercado.

Se a margem é pequena, contudo, essa *folga* é pequena, e a empresa pode apresentar perdas se, por alguma razão (aumento de custos, menor preço de mercado etc.), o mercado lhe for desfavorável.

A margem de segurança pode ser calculada em termos absolutos ou percentuais e representa, de fato, o quanto as vendas podem cair sem que a empresa apresente prejuízos. Representa, ainda, o quanto a firma é resistente à diminuição de preços ou ao aumento de custos.

Se a margem for negativa, isso significa que a empresa está vendendo uma quantidade inferior ao ponto de equilíbrio, o que lhe trará prejuízo.

O ponto de equilíbrio econômico de uma determinada empresa é de 1.800 unidades. No primeiro caso (= margem grande), a empresa produz 4.500 unidades e a margem de segurança é grande. Em termos percentuais, essa margem é de 60%, já que, se as vendas caíssem 60%, a empresa chegaria às 1.800 unidades que representam o ponto de equilíbrio.

É importante, aqui, diferenciar o conceito de margem de segurança relativa e absoluta. No caso mencionado, a margem de segurança absoluta seria de 2.700 unidades (4.500 − 1.800), valor bem superior ao do ponto de equilíbrio, enquanto a margem de segurança relativa seria de 60%. A margem de segurança absoluta, então, representa a quantidade física de unidades que a empresa produz acima do valor do ponto de equilíbrio, e a relativa relaciona essa quantidade, que a empresa efetivamente produz, à do ponto de equilíbrio. O cálculo para o percentual de margem de segurança relativa é:

MS = (Qv − Qpe) ÷ Qv, onde:

- MS = margem de segurança;
- Qv = quantidade vendida atualmente pela empresa; e
- Qpe = quantidade associada ao ponto de equilíbrio.

Para Qv = 4.500 e Qpe = 1.800, como no caso mencionado, teríamos:
MS = (4.500 − 1.800) ÷ 4.500 = 2.700 ÷ 4.500 = 0,6 ou 60%.

A margem de segurança relativa seria, então, de 60%, o que está graficamente representado na figura 15.

FIGURA 15: REPRESENTAÇÃO GRÁFICA DE GRANDE MARGEM DE SEGURANÇA

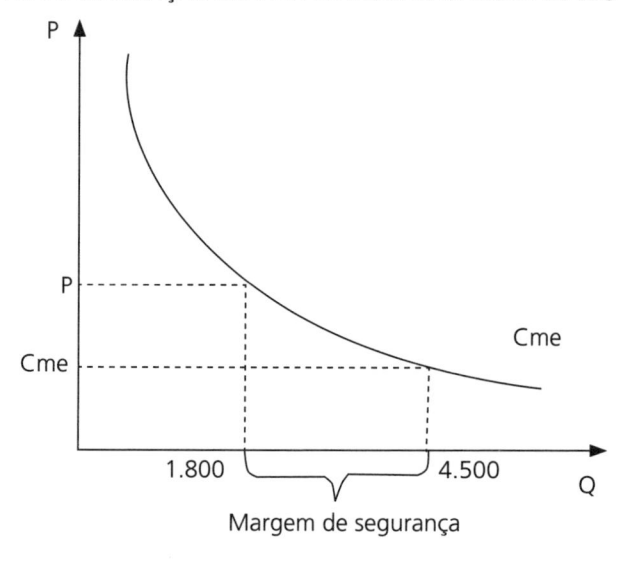

Como se nota a partir do gráfico da figura 15, a empresa possui expressiva margem de segurança.

Na segunda hipótese (= margem pequena), graficamente representada na figura 16, a empresa produz 2 mil unidades e a margem de segurança é pequena (em termos percentuais, de 10%): a empresa produz pouco acima do ponto de equilíbrio.

FIGURA 16: REPRESENTAÇÃO GRÁFICA DE PEQUENA MARGEM DE SEGURANÇA

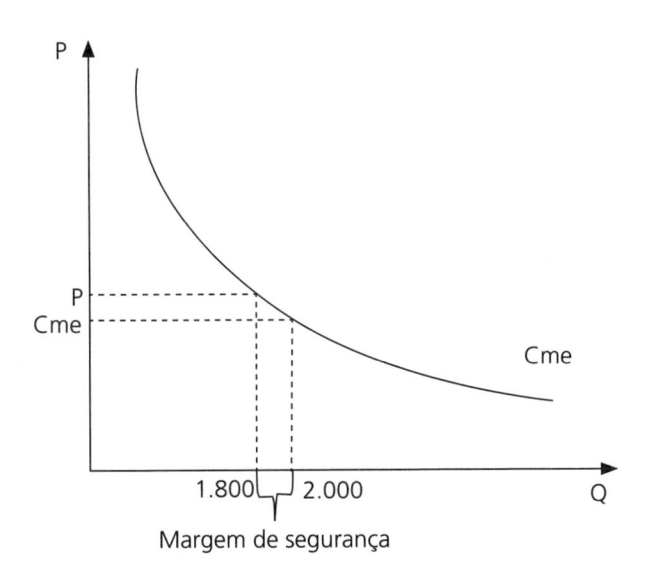

Para essa segunda hipótese, se os custos da empresa acaso aumentarem (no próximo gráfico, de CMe para CMe_1), o custo médio aumentará, o ponto de equilíbrio também (no próximo exemplo, aumenta de 1.800 para 2.400) e a margem de segurança da empresa se tornará negativa caso o preço de mercado se mantenha o mesmo.

Isso significa que o custo médio estará acima do preço, e a empresa terá prejuízo, porque o novo ponto de equilíbrio, de 2.400 unidades, estará acima das suas vendas (2 mil unidades).

A conclusão é que uma margem pequena acarreta pouca segurança.

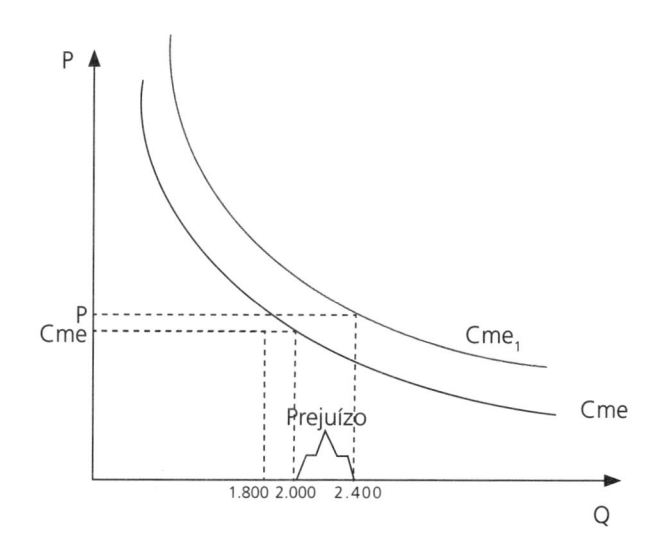

FIGURA 17: MARGEM DE SEGURANÇA E PONTO DE EQUILÍBRIO

Em resumo, a margem de segurança da empresa refere-se à comparação das suas vendas com o valor do ponto de equilíbrio.

Tal comparação pretende revelar o quanto a empresa está acima do ponto de equilíbrio e, portanto, qual o risco que ela corre caso alguma mudança se reflita nos custos, nas vendas da empresa ou no preço de mercado, qual o risco de a empresa apresentar prejuízo no curto prazo.

Se a empresa vende toda a sua produção dentro do mesmo período em que a gera (estoque final de produtos em processo = zero), ou seja, se a demanda é maior que a oferta, quanto maior a margem de segurança, melhor, pois menor é o risco de se apurar prejuízo.

Grau de alavancagem operacional (GAO)

O conceito de alavancagem operacional (GAO) é útil como outra forma de visualizar o risco operacional de curto prazo do empreendimento. Portanto, é outra forma de visualizar a mesma coisa que a margem de segurança.

As únicas sensíveis diferenças são:

- a relação entre margem de segurança e risco operacional é inversamente proporcional – quanto maior a margem de segurança, menor o risco e vice-versa;

- a relação entre alavancagem operacional e risco operacional de curto prazo é diretamente proporcional – quanto maior a alavancagem, maior o risco e vice--versa.

Algebricamente, o GAO é definido como a relação entre a receita de vendas da empresa e o lucro operacional:

$$GAO = Receita \div Laji \text{ ou } \Delta LL \div \Delta Q$$

COMENTÁRIO
Existem diversas formas de calcular o GAO que envolvem rearranjar as equações acima. Outras formas incluem: margem de contribuição ÷ Laji ou ΔLaji ÷ ΔQ.

As relações acima tendem a ficar maior quanto mais próximas as vendas estiverem do ponto de equilíbrio.

Para entender isso, devemos prestar atenção ao comportamento do Laji em relação ao ponto de equilíbrio. Quando as vendas estão no ponto de equilíbrio, o Laji é zero, pois o ponto de equilíbrio é determinado exatamente no ponto em que o lucro é zero.

Se as vendas estiverem abaixo do ponto de equilíbrio, o Laji é negativo; portanto, o GAO é negativo, e a empresa tem prejuízo.

COMENTÁRIO
Outra forma de visualizar tal conceito: GAO é a resposta do lucro a mudanças na quantidade vendida. Assim, uma GAO muito alta significa que aumentos pequenos de vendas resultam em grandes aumentos de lucros (isso porque as vendas se encontram perto do ponto de equilíbrio) e vice-versa.

Quando as vendas estão pouco acima do ponto de equilíbrio, o Laji é pequeno.

Como as receitas crescem linearmente – se a receita é preço vezes quantidade e assumindo-se preço constante, a receita cresce linearmente de acordo com a quantidade –, o GAO torna-se muito grande.

À medida que as vendas aumentam, o lucro cresce e o GAO diminui.

Consideremos um exemplo em que *ponto de equilíbrio = 1.200 unidades; preço = R$ 100; custo fixo = R$ 60.000 e custo variável unitário = R$ 50, qual o GAO para vendas de 1.320 unidades?*

Como já visto, o lucro pode ser definido como:

LT = RT − CT

Assim:

- receita total = P × Q; RT = 100 × 1.320 = R$ 132.000;
- custo total = CF + CV × Q = 60.000 + 50 × 1.320 = R$ 126.000;
- lucro total = R$ 132.000 − R$ 126.000 = R$ 6.000.

Esse pequeno lucro era esperado, dado que a empresa vende uma quantidade pouco acima do ponto de equilíbrio.

Temos então que:

- GAO = receita ÷ Laji;
- receita = R$ 132.000;
- lucro = R$ 6.000;
- GAO = 132.000 ÷ 6.000 = 22.

A empresa apresenta uma alavancagem operacional de 22. Esse valor mostra que a empresa está muito alavancada e, portanto, apresenta grande risco operacional de curto prazo. Mas não existe um parâmetro para definir um grau de alavancagem alto ou baixo. Qualquer resultado achado deve ser qualificado a partir dos dados da empresa, ou seja, o GAO apresenta uma informação incompleta, de modo que o analista tem de qualificar os achados.

É um conceito importante quando se observa sua evolução ao longo do tempo – um GAO crescente é ruim para a empresa e vice-versa.

O que acontece se a empresa passa a vender 3 mil unidades? Nesse caso, com os demais indicadores constantes:

- receita total = P × Q; RT = 100 × 3.000 = R$ 300.000;
- custo total = CF + CV × Q = 60.000 + 50 × 3.000 = R$ 210.000;
- lucro total = R$ 300.000 − R$ 210.000 = R$ 90.000.

Como a quantidade vendida é bem maior, obtém-se um lucro 15 vezes maior, já que 90.000 é 15 vezes maior que 6.000.

Desse modo:

- GAO = receita ÷ Laji;
- receita = R$ 300.000;
- lucro = R$ 90.000;
- GAO = 300.000 ÷ 90.000 = 3,33.

A empresa apresenta um grau de alavancagem operacional de 3,33, valor muito menor que o do exemplo anterior. Esse resultado mostra que a empresa está menos alavancada e, portanto, apresenta pequeno risco operacional de curto prazo.

Em resumo, podemos dizer que uma alavancagem operacional muito grande representa grande risco operacional, mas, à medida que as vendas aumentam, a alavancagem operacional diminui, bem como o risco operacional de curto prazo.

Exercício

A empresa Galilei produz livros clássicos cujos direitos autorais já expiraram. Isso significa que:
- a empresa não tem custos fixos com a criação do material;
- os custos da empresa são aqueles voltados para a produção.

A empresa tem porte médio, com as seguintes características administrativas:

Gastos com pessoal	Valor mensal (R$)
Diretor/presidente	12.000
Gerente de produção	4.000
Gerente de marketing	4.000
Operadores de fotolitos	4.000
Diagramadores	4.000
Secretárias	4.000
Outros	18.000
Total	50.000

Os gastos com produção e vendas são:

Gastos com produção e vendas	Valor (R$)
Aluguel das máquinas/mês	15.000,00
Aluguel imóvel/mês	4.000,00
Custo de papel/livro	3,00
Custo da capa/livro	0,50
Custo de impressão/livro	0,50
Despesas (luz, água, ...)	3.000,00

Imposto de serviços/livro	0,50
PIS/Cofins/livro	0,50
Despesas financeiras	15.000,00
Outros impostos/mês	3.000,00

Para simplificar, essa empresa produz somente um livro.

Assim:

(a) calcule o custo médio dessa empresa para uma tiragem mensal de 7.500 exemplares;

(b) informe qual será o valor do ponto de equilíbrio operacional se o preço de venda para distribuição for de R$ 20;

(c) informe qual é o valor do equilíbrio contábil;

(d) informe qual será o valor do equilíbrio econômico se a remuneração esperada pelo capital investido na empresa for de R$ 12.000;

Obs.: Estamos considerando uma alíquota de imposto de renda de 20%.

(e) calcule a margem de segurança para as vendas de 6.250, 8 mil e 10 mil unidades, respectivamente;

(f) calcule o GAO para cada uma das vendas do item (e);

(g) informe o que ocorrerá com o ponto de equilíbrio operacional se o preço cair para R$ 15.

Respostas comentadas

(a) Para calcular o custo médio operacional, a primeira operação a ser feita é dividir os custos em fixos e variáveis.

Todas as despesas com pessoal são fixas, bem como custos de aluguéis e outros impostos.

Os gastos variáveis são aqueles relacionados à produção física dos livros – papel, impressão e capa. Temos de considerar ainda os impostos que variam com a quantidade vendida, como ISS e PIS/Cofins. Podem-se dividir os custos, então, em:

Custos fixos	R$/mês	Custos variáveis	R$/livro
Pessoal	50.000	Custo de papel/livro	3,00
Aluguel das máquinas	15.000	Custo da capa/livro	0,50
Aluguel de imóvel	4.000	Custo de impressão/livro	0,50
Outros impostos/mês	3.000	Imposto de serviços/livro	0,50
Despesas (luz, água, ...)	3.000	Pis/Cofins/livro	0,50
Total	75.000	Total	5,00

Assim:
- o custo fixo da empresa é de R$ 75.000 por mês;
- o custo variável unitário é de R$ 5 por livro.

Para uma quantidade de 7.500 livros por mês, o custo médio (definido como CMe = CF ÷ Q + CV) é:
CMe = CF ÷ Q + CV = 75.000 ÷ 7.500 + 5 = 10 + 5 = 15.
Para essa tiragem, o custo médio de produção é de R$ 15 por exemplar, isto é, cada livro custa R$ 15 para ser produzido.

(b) Para calcular o custo do ponto de equilíbrio operacional, deve-se resolver a equação:
CMe = P = CF ÷ Q + CV.
Como a variável a ser calculada é a quantidade, pode-se reescrever essa equação em função da variável Q:
Q = CF ÷ (P − CV).
Como P = 20; CF = 75.000; CV = 5, temos:
Q = 75.000 ÷ (20 − 5) = 75.000 ÷ 15 = 5 mil exemplares.
Isso significa que, para apresentar lucro contábil operacional (Laji), a empresa precisa vender mais do que 5 mil exemplares.

(c) Em relação ao item (b), para calcular o ponto de equilíbrio contábil, devem-se adicionar as despesas financeiras da empresa (de R$ 15.000) aos custos fixos.
A fórmula para o cálculo é a mesma, mas o custo fixo sobe para R$ 90.000:
Q = 90.000 ÷ (20 − 5) = 90.000 ÷ 15 = 6 mil exemplares.
Quando adicionadas as despesas financeiras, o ponto de equilíbrio aumenta, e são necessários mais exemplares para o equilíbrio da empresa. Portanto, com 5 mil exemplares, o Laji da empresa é zero, mas o Lair seria negativo (= prejuízo). Com a venda de 6 mil exemplares, o Laji é positivo, mas o Lair é zero.

(d) Com essa remuneração esperada do capital de R$ 12.000, é possível calcular o equilíbrio econômico.
Como já visto, o equilíbrio econômico é calculado quando o lucro líquido é igual à remuneração esperada do capital investido na empresa.
Se a alíquota do imposto for de 20% e a remuneração esperada de 12.000, o Lair será:
LL = Lair × (1 − IR).
Lair = LL ÷ (1 − IR).

Lair = 12.000 ÷ 0,8 = 15.000, o que significa que, para remunerar o capital da empresa, seria necessário um Lair de R$ 15.000.

Para calcular o equilíbrio econômico, então, basta acrescentar o valor de R$ 15.000 ao custo fixo, que passa a valer R$ 105.000.

O equilíbrio econômico seria:

Q = 105.000 ÷ (20 – 5) = 105.000 ÷ 15 = 7 mil exemplares.

Assim, se a empresa vender 7 mil exemplares, os proprietários obterão um lucro líquido de R$ 12.000; portanto, a venda de 7 mil exemplares representa o ponto de equilíbrio econômico da empresa.

Pode-se concluir então que:

- 5 mil exemplares representam o ponto de equilíbrio operacional;
- 6 mil exemplares representam o ponto de equilíbrio contábil;
- 7 mil exemplares representam o ponto de equilíbrio econômico.

(e) Para calcular a margem de segurança operacional, deve-se tomar como ponto de partida o equilíbrio contábil da empresa. Este depende do lucro operacional e relaciona-se, portanto, com a margem operacional. Portanto, se o equilíbrio contábil é de 5 mil exemplares, como já calculado, para vendas de 6.250, 8 mil e mil exemplares, as margens são, respectivamente, de 1.200, 3 mil e 5 mil exemplares.

Em termos percentuais:

MS = (Qv – Qpe) ÷ Qv, sendo:

- Qv = quantidade vendida atualmente pela empresa;
- Qpe = quantidade associada ao ponto de equilíbrio.

Para diferentes Qvs (6.250, 8.000 e 10.000), com Qpe = 5.000, teríamos:

- $MS_{6.250}$ = (6.250 – 5.000) ÷ 6.250 = 1.250 ÷ 6.250 = 0,2 ou 20%;
- $MS_{8.000}$ = (8.000 – 5.000) ÷ 8.000 = 3.000 ÷ 8.000 = 0,375 ou 37,5%;
- $MS_{10.000}$ = (10.000 – 5.000) ÷ 10.000 = 5.000 ÷ 10.000 = 0,5 ou 50%.

Temos então que as margens de segurança para um equilíbrio de 5 mil unidades e vendas de 6.250, 8 mil e 10 mil unidades são de 20%, 37,5% e 50%, respectivamente.

Quanto mais exemplares vendidos, maior a margem, como se pode ver no gráfico:

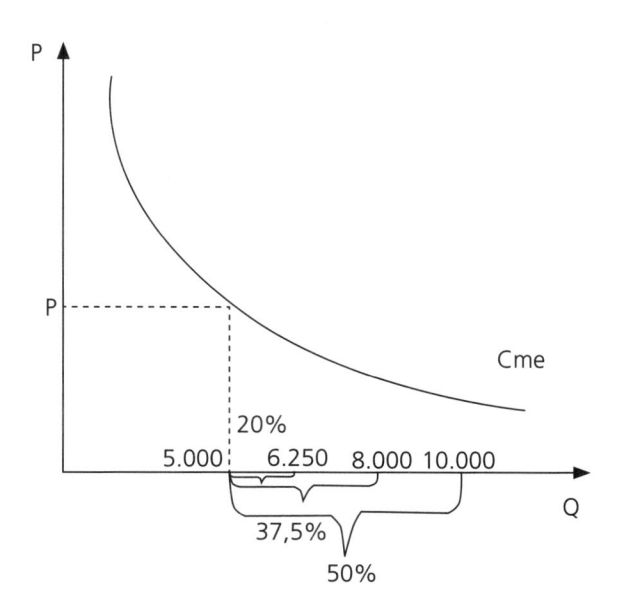

(f) Para calcular a alavancagem operacional, deve-se calcular a receita e o Laji de cada volume de vendas.

O Laji, por sua vez, é: receita – custos operacionais.

A receita total é: preço × quantidade: P × Q.

Assim:

- $RT_{5.500} = 20 \times 5.500 = 110.000$;
- $RT_{7.500} = 20 \times 7.500 = 150.000$;
- $RT_{10.000} = 20 \times 10.000 = 200.000$.

Continuando:

- Laji = RT – CT;
- CT = CF + CV × Q;
- CF = 75.000;
- CV = 5 por livro.

Desse modo, o CT para cada situação é:

- $CT_{5.500} = 75.000 + 5 \times 5.500 = 102.500$;
- $CT_{7.500} = 75.000 + 5 \times 7.500 = 112.500$;
- $CT_{10.000} = 75.000 + 5 \times 10.000 = 125.000$.

Assim, o Laji para cada situação é:

- $Laji_{5.500} = RT_{5.500} - CT_{5.500} = 110.000 - 102.500 = 7.500$;
- $Laji_{7.500} = RT_{7.500} - CT_{7.500} = 150.000 - 112.500 = 37.500$;
- $Laji_{10.000} = RT_{10.000} - CT_{10.000} = 200.000 - 125.000 = 75.000$.

A alavancagem operacional é:

- $GAO_{5.500} = receita_{5.500} \div Laji_{5.500} = 110.000 \div 7.500 = 14,667$ vezes;
- $GAO_{7.500} = receita_{7.500} \div Laji_{7.500} = 150.000 \div 37.500 = 4$ vezes;
- $GAO_{10.000} = receita_{10.000} \div Laji_{10.000} = 200.000 \div 75.000 = 2,667$ vezes.

À medida que as vendas aumentam, o GAO diminui:

- 14,667 vezes para vendas de 5.500 exemplares (e margem de segurança = 10%);
- 4 vezes para vendas de 7.500 exemplares (e margem de segurança = 50%);
- 2,667 vezes para vendas de 10 mil exemplares (e margem de segurança = 100%).

(g) É de se esperar que uma diminuição no preço de venda resulte em um aumento na necessidade de vender para manter o equilíbrio operacional da empresa.

Como visto, para o preço de R$ 20, o ponto de equilíbrio é de 5 mil exemplares:
$Q = CF \div (P - CV)$, com $CF = 75.000$ e $CV = 5$.
Como CF e CV não mudam, para o preço de R$ 15 temos:
$Q = 75.000 \div (15 - 5) = 75.000 \div 10 = 7.500$ exemplares.
O ponto de equilíbrio passou de 5 mil para 7.500 exemplares; aumentou, portanto, como era de se esperar.

Capítulo 3

Lote econômico e alavancagem financeira

Para produzir, é preciso gastar; no entanto, a realidade de uma empresa não é, necessariamente, a de outra; aliás, o mais comum é que não seja. Assim, as características de cada uma é que determinarão os rumos a tomar. Se, para uma empresa, pode ser interessante trabalhar com pequeno volume de estoques, para outra, o inverso será mais coerente com suas características. As empresas se igualam pelo menos em um ponto: a busca pelos menores custos de produção. Por isso, os conceitos de *quantidade comprada, custo de estocagem* e *custo de processamento dos pedidos de compra*, bem como as relações entre eles, serão uma constante neste capítulo. Naturalmente, o conceito de *lote econômico de compra* não poderá ser esquecido; ao contrário, será trabalhado a partir dos conceitos supracitados e de suas inter-relações. Tudo isso temperado com nova série de exemplos.

Modelo de lote econômico de compra

A ideia do modelo de lote econômico de compra relaciona-se ao que foi discutido no capítulo anterior sobre o ponto de equilíbrio da empresa.

A principal pergunta que o modelo visa responder com eficiência é: *Quanto comprar de insumos variáveis e como fazê-lo?* A resposta, à primeira vista, é bastante simples: *Comprar o máximo possível para ganhar escala e, com isso, obter descontos e um custo variável unitário menor.*

Se uma empresa que produz botões planeja produzir, por mês, 100 mil botões e se para cada lote de 100 botões é necessário 1 quilo de plástico, a empresa deveria comprar 12 mil quilos de plástico de uma vez e ter matéria-prima suficiente para um ano de produção. Além disso, ao comprar 12 mil quilos de uma vez, provavelmente conseguiria um valor menor por quilograma do que se comprasse mil quilos por mês.

Esse raciocínio é bastante intuitivo, mas nem sempre se mostra correto, pois existem custos de estocagem da matéria-prima e do produto final que podem acabar com toda a economia feita na compra em escala. Caso isso ocorra, naturalmente que será mais interessante comprar insumos aos poucos do que tudo de uma vez.

Para determinar o processamento dos pedidos de compra, então, são três as variáveis importantes (Braga, 1995:106):

- custo da produção;
- custo de processamento dos pedidos;
- custo de estocagem.

O primeiro diz respeito aos custos diretos de produção: quanto maior a economia de custos pela compra em escala, maiores devem ser as compras e a produção; portanto, maiores os estoques de matéria-prima e do produto final. Isso significa que há uma relação diretamente proporcional entre a economia de custos por escala (= grande volume de compras) e o tamanho das compras, da produção e dos estoques.

Já a relação entre o custo de estocagem e a quantidade de compras é inversamente proporcional – quanto maior o custo para estocagem de matéria-prima e produtos finais, menor a conveniência de a empresa manter grandes volumes de compras.

A relação diretamente proporcional também vale para os custos de processamento dos pedidos de compra. Isso porque fazer pedidos de compra pode tomar muito tempo e negociação, além de haver incerteza quanto à disponibilidade imediata para compra. Em ambos os casos, isso representa custos adicionais para a empresa, bem como altos custos de processamento dos pedidos. Assim, a empresa tenderá a comprar lotes grandes para evitar o desgaste da negociação e/ou se precaver contra a indisponibilidade da matéria-prima para compra.

Tomemos o exemplo do processo *just-in-time* japonês. *Como processar lotes de compras dadas as características da produção japonesa?* No caso japonês, a variável mais importante é o custo de estocagem. Isso porque, dado o pequeno tamanho do Japão em relação à atividade econômica do país, o custo do espaço é muito grande e, portanto, manter um alto nível de estoques é extremamente dispendioso.

Na década de 1960, as empresas japonesas começaram a buscar formas de minimizar estoques, mas começaram a esbarrar em outro problema: o dos custos de processamento dos pedidos.

Para resolver isso, a minimização de estoques do *just-in-time* baseou-se em três pilares:

(i) contratos de longo prazo com fornecedores, com garantia de fornecimento de matéria-prima;

(ii) otimização do processo produtivo para evitar que a produção pare;
(iii) produção de acordo com a demanda para que se tenha o menor volume possível de estoques.

Esses pilares visam garantir menores custos de processamento de pedidos com a menor quantidade possível de estoques.

A empresa, então, funciona com grande número de pequenos pedidos de compra e um estoque pequeno ou quase nulo. Mas o *just-in-time* não é suficiente para todas as empresas.

CONCEITO-CHAVE

O sistema *just-in-time*, surgido no Japão, tem como objetivo adequar a produção à demanda, mantendo o mínimo possível de estoques. Nesse sentido a empresa deve apresentar considerável eficiência – visto que não pode estar sujeita a atrasos e paralisações na linha produtiva –, além de capacidade de adaptação a variações na demanda.

Vejamos o caso de uma refinaria de petróleo que apresenta as seguintes características:
- grande estrutura;
- preço (flutuante) da matéria-prima;
- pedidos que demoram a ser processados e podem envolver importações.

O conjunto desses fatos faz que seja impossível determinar, com precisão, o prazo entre o pedido e a chegada da matéria-prima para o processamento.

Como o custo de estocagem é baixo para essa empresa, passa a ser interessante trabalhar com poucos pedidos grandes e elevado volume de estoques.

A empresa pode, então, aproveitar as condições favoráveis para estocar mais produção, com a compra de grandes lotes, e, em condições desfavoráveis, utilizar-se do estoque adquirido para esperar melhoras quando em situações desfavoráveis.

O modelo de lote econômico de compra pode ser resumido da seguinte forma: é o modelo que minimiza os custos da empresa e está sujeito às restrições de custos de:
- estocagem;
- produção;
- processamento dos pedidos.

Qual é o tamanho ótimo para o lote de compras da empresa? Se a empresa pode fazer n pedidos, cada um de um determinado tamanho, qual é o tamanho ideal?

Para responder a isso, devem ser analisadas duas situações:
(i) o que acontece com o custo de estocagem à medida que o tamanho do pedido aumenta;
(ii) o que acontece com o custo de processamento dos pedidos conforme o tamanho do pedido aumenta.

Se a empresa compra mais a cada pedido (ou seja, um lote econômico de compra cada vez maior), o estoque aumenta. Por isso, o custo de estocagem também aumenta.

Existe uma relação diretamente proporcional entre a quantidade comprada e o custo de estocagem – o custo de estocagem cresce quando a quantidade comprada aumenta, como já observado (afinal, a área do almoxarifado precisará ser maior).

Por sua vez, se a empresa compra mais a cada pedido, o número de pedidos que a empresa deve fazer para repor os estoques diminui. Por isso, o custo de processamento dos pedidos de compra também diminui.

Existe uma relação inversamente proporcional entre a quantidade comprada e o custo de processamento dos pedidos de compra – esse custo decresce quando a quantidade aumenta. Então, quando a quantidade aumenta:

- o custo de estocagem cresce;
- o custo de processamento dos pedidos de compra decresce.

Graficamente, o ponto que minimiza esses custos e determina o lote econômico de compra está indicado na figura 18.

FIGURA 18: DETERMINAÇÃO DO LOTE ECONÔMICO DE COMPRA (LEC)

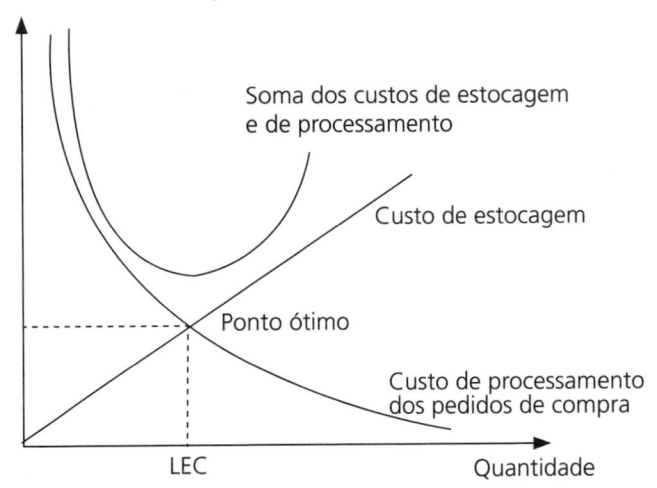

> **COMENTÁRIO**
>
> Assim como em Braga (1995), assumiu-se um custo de estocagem linear. Essa hipótese talvez não seja a mais realista, mas permite analisar a forma de calcular o lote econômico de compra. Um custo de estocagem com outro comportamento faria com que o cálculo ficasse mais complicado, mas a intuição gráfica seria a mesma, ou seja, o ponto que minimiza a relação entre custo de estocagem e de processamento de pedidos.

O lote econômico de compra, então, é determinado pela interseção das curvas de custo de estocagem e custo de processamento dos pedidos de compra.

Os exemplos analisados, da empresa japonesa de *just-in-time* e da refinaria, podem ser mostrados de forma gráfica.

Ao analisar-se o gráfico da soma dos custos (figura 18), pode-se perceber que o ponto de mínimo desse gráfico coincide com o ponto ótimo, como era de se esperar. O LEC é o ponto de menor custo total.

No caso da empresa que monta a estratégia de *just-in-time*, o que importa é o custo de estocagem, que cresce muito rapidamente se a empresa compra grandes quantidades. Isso pode ser representado por uma curva de custo de estocagem muito crescente, como na figura 19.

FIGURA 19: RELAÇÃO DO CUSTO DE ESTOCAGEM COM A QUANTIDADE COMPRADA

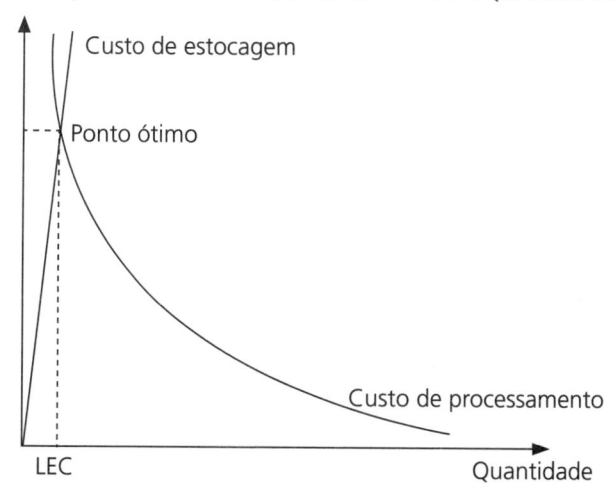

Como pode ser visto neste gráfico, se o custo de estocagem cresce muito rapidamente, o lote econômico de compra ideal vai ser pequeno e a empresa vai ter de fazer muitos pedidos pequenos.

Se, como no caso da refinaria, o custo de estocagem crescer vagarosamente, dada a grande capacidade da empresa, e o custo de processamento dos pedidos for elevado, teremos o que ilustra a figura 20.

FIGURA 20: RELAÇÃO DO CUSTO DE ESTOCAGEM
COM O CUSTO DE PROCESSAMENTO DOS PEDIDOS

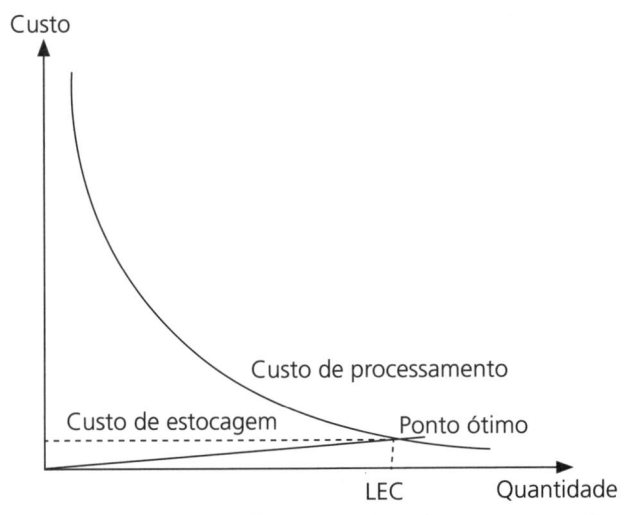

Como pode ser visto neste gráfico, se o custo de estocagem é inexpressivo, o LEC padrão vai ser muito grande, e a empresa provavelmente vai fazer poucos, mas grandes, pedidos de compra. A fórmula para o LEC é:

$$LEC = \sqrt{\frac{2 \times CTR \times D}{CE}}$$

onde:

- LEC = lote econômico de compra;
- CTR = custo de processamento por pedido;
- D = demanda por período;
- CE = custo unitário de estocagem por período.

COMENTÁRIO

A demonstração de como se chega a essa fórmula se encontra em Braga (1995) ou Ross (2000). Para aqueles com facilidade matemática, é sempre interessante ver como se chegou a uma fórmula tão importante em administração financeira e da produção.

O lote econômico de compra determina a quantidade a ser comprada em cada lote.

O que importa em sua fórmula [= do LEC] é o estabelecimento de relações entre as variáveis e a quantidade que a empresa deve comprar por lote.

Custo de processamento de pedidos e demanda são diretamente proporcionais – se qualquer um dos dois aumentar, a quantidade que a empresa compra por lote também vai aumentar.

Já o custo de estocagem apresenta relação inversa: se o custo aumenta, a empresa deve comprar lotes menores.

> **COMENTÁRIO**
>
> O custo de estocagem é unitário, por período, isto é, informa-nos quanto custa estocar uma unidade de matéria-prima pelo período padrão.

Vejamos o exemplo de uma empresa X, que necessita de mil unidades de matéria-prima por semana. São dados:
- custo por processamento de pedido = R$ 810;
- custo de estocagem unitário = R$ 2.

Calcule o valor do LEC.
Sabemos que:
- LEC = raiz quadrada de 2 × CTR × D × CE;
- CTR = 810;
- D = 1.000;
- CE = 2.

$$LEC = \sqrt{\frac{2 \times CTR \times D}{CE}} = \sqrt{\frac{1 \times 810 \times 1.000}{2}} = \sqrt{\frac{1.620.000}{2}} = \sqrt{810.000} = 900$$

A empresa deve fazer lotes de compra de 900 unidades cada.

Quem gosta de pagar juros? Ninguém. Muito menos as empresas, que administram recursos cujo valor é infinitamente maior do que os de uma pessoa física. Sabemos que a grande maioria das empresas tem o lucro como sua principal meta, mas ocorre que despesas muito altas diminuem, na mesma proporção, o lucro esperado. Se uma pessoa física necessita de um empréstimo, os juros podem superar o valor do principal se não houver controle da parte do tomador. No caso das empresas, as despesas financeiras, se não forem bem administradas, fatalmente levarão consigo boa parcela dos lucros da empresa. Por isso, neste capítulo, vamos conhecer o *grau de alavancagem financeira* (GAF), cujo propósito é justamente o de monitorar as despesas financeiras da empresa; vamos aprender ainda a administrá-lo, pois sua administração competente determinará a lucratividade. Vamos, pois, enfrentar mais um desafio, para o que contamos, também, com muitos exemplos e exercícios.

Alavancagem financeira

O grau de alavancagem financeira (GAF) mostra a importância das despesas financeiras para a empresa. Um grau alto é ruim para a empresa; já um baixo grau de alavancagem é bom.

Na prática empresarial, isso significa que se o GAF for alto, as despesas financeiras são muito grandes em relação aos resultados das operações produtivas da empresa.

O caso mais extremo é o de uma empresa que tem resultado operacional positivo (Laji ou LO > 0), mas apresenta lucro antes do imposto de renda (Lair) negativo. Como Lair = Laji – despesas financeiras, isso significa que, para essa situação acontecer, as despesas financeiras terão de ser maiores que o Laji da empresa.

A implicação é que a empresa está tão estrangulada por despesas financeiras que o resultado operacional positivo fica comprometido.

Um caso menos extremo do que esse seria o de uma empresa na qual o lucro operacional é razoável, mas o Lair é pequeno. Nessa hipótese, podemos concluir que as despesas financeiras são relativamente importantes e que, portanto, a empresa está muito alavancada financeiramente.

Uma empresa com poucas despesas financeiras, por sua vez, apresenta baixo grau de alavancagem. *Como poderia ser, então, calculada a alavancagem de uma empresa?*

A fórmula mais simples de GAF é:

GAF = Laji ÷ Lair = lucro operacional ÷ Lair, ou seja,

Laji = Lair – despesas financeiras.

Como fica a fórmula se não houver despesas financeiras?

Nesse caso, Laji = Lair, o que significa que:

GAF = Laji ÷ Lair = Lair + despesas financeiras ÷ Lair = Lair + 0 ÷ Lair = Lair ÷ Lair = 1.

Assim, quando não há despesas financeiras, o GAF é 1. Isso significa que uma empresa com GAF próximo de 1 apresenta pouca alavancagem financeira. Por sua vez, se as despesas financeiras forem elevadas, o GAF será grande.

EXEMPLO

Como exemplo, para a empresa Bohr, se a parte produtiva apresentou resultado operacional de R$ 30.000, mas as despesas financeiras foram de R$ 25.000, temos que:
Laji = R$ 30.000;
despesas financeiras = R$ 25.000;
Lair = Laji – despesas financeiras = R$ 30.000 – R$ 25.000 = R$ 5.000.
Assim:
GAF = R$ 30.000 ÷ R$ 5.000 = 6 vezes.
A empresa apresenta, portanto, um grau de alavancagem financeira de 6. Esse grau é elevado, o que significa que as despesas financeiras estão comprometendo a lucratividade.

A tabela 17 mostra a relação entre o GAF e as despesas financeiras. Neste exemplo, o Laji é constante e igual a R$ 30.000.

TABELA 17: RELAÇÃO DIRETAMENTE PROPORCIONAL ENTRE GAF E DESPESAS FINANCEIRAS

Laji (R$)	Despesas financeiras (R$)	Lair (R$)	GAF
30.000	0	30.000	1
30.000	1.000	29.000	1,03
30.000	2.000	28.000	1,07
30.000	5.000	25.000	1,2
30.000	10.000	20.000	1,5
30.000	15.000	15.000	2
30.000	25.000	5.000	6
30.000	29.000	1.000	30

A partir da tabela 17, pode-se ver como o GAF aumenta com as despesas financeiras. Quando as despesas financeiras passam de R$ 5.000 para R$ 10.000, o GAF aumenta de 1,2 para 1,5 (4ª e 5ª linhas na tabela). Um aumento de despesas de R$ 15.000 para R$ 25.000 (6ª e 7ª linhas), por sua vez, faz que o GAF aumente de 2 para 6!

Conclui-se que, quanto mais alavancada a empresa (maior GAF), em pior situação ela está, pois as despesas financeiras tornam seu lucro cada vez menor.

O desafio da administração financeira é tomar medidas para minimizar o GAF sem comprometer a lucratividade da empresa.

Administrando o GAF

Para administrar o GAF, temos de avaliar duas situações distintas:

(a) o GAF se apresenta dentro de limites aceitáveis para a empresa. Nesse caso, deve-se tentar mantê-lo no mesmo nível;

(b) o GAF é maior que o aceitável. Deve-se, pois, minimizá-lo.

Como o lucro operacional depende muito das condições de mercado, administrar o GAF significa adequar as despesas financeiras à realidade operacional da empresa.

Como se faz isso? Com planejamento. A empresa deve tentar estimar os níveis esperados de lucro para os próximos períodos e adequar empréstimos, bem como outras fontes de captação de recursos, à sua realidade operacional, isto é, deve torná-los compatíveis com esses lucros. Administrar o GAF significa também utilizar conceitos de financiamento de CCL.

> **COMENTÁRIO**
>
> Uma empresa que esteja pressionada por despesas financeiras pode utilizar-se de fontes de recursos não onerosas, como desmobilização de ativos ou aumento de capital para amortizar empréstimos e limitar as despesas financeiras.

Exercício

A empresa Galilei produz livros clássicos cujos direitos autorais já expiraram. Isso significa que a empresa não tem mais custos fixos com a criação do material. Seus custos são apenas aqueles voltados para a produção.

A empresa tem porte médio e as características administrativas de gastos com produção e vendas informadas a seguir.

Gastos com produção e vendas	Valor (R$)
Gastos com pessoal	50.000
Aluguel das máquinas/mês	15.000
Aluguel imóvel/mês	4.000
Custo de papel/livro	3
Custo da capa/livro	0,50
Custo de impressão/livro	0,50
Despesas (luz, água, ...)	3.000
Imposto de serviços/livro	0,50
PIS/Cofins/livro	0,50
Despesas financeiras	15.000
Outros impostos/mês	3.000

Para simplificar, essa empresa produz somente um livro, e o preço de venda para distribuição é de R$ 20. Calcule o GAF para os volumes de vendas de 5.500, 7.500 e 10 mil unidades.

Resposta comentada

Para calcular a alavancagem financeira, é necessário calcular o Laji e o Lair da empresa. Para isso, a primeira operação a ser feita será dividir os custos em fixos e variáveis.

Todas as despesas com pessoal são fixas, bem como custos de aluguéis e impostos. Os gastos variáveis são aqueles relacionados à produção física dos livros – papel, impressão e capa, além dos impostos que variam em função da quantidade vendida, como ISS e PIS/Cofins. Podemos, então, dividir os custos em:

Custos fixos	R$/mês	Custos variáveis	R$/livro
Pessoal	50.000	Custo de papel/livro	3
Aluguel das máquinas	15.000	Custo da capa/livro	0,50
Aluguel do imóvel	4.000	Custo de impressão/livro	0,50
Outros impostos/mês	3.000	Imposto de serviços/livro	0,50
Despesas (luz, água etc.)	3.000	PIS/Cofins/livro	0,50
Total	75.000	Total	5

> **DICA**
> Perceba como nesse caso não foram adicionadas as despesas financeiras ao custo fixo. Isso significa que está sendo calculado o custo médio operacional.

Temos então que o custo fixo da empresa é de R$ 75.000 por mês, enquanto o custo variável unitário é de R$ 5 por livro.

Lembrando...

- Laji = receita − custos operacionais;
- Lair = Laji − despesas financeiras;
- receita total = preço × quantidade: P × Q.

Assim:

- $RT_{5.500} = 20 \times 5.500 = 110.000$;
- $RT_{7.500} = 20 \times 7.500 = 150.000$;
- $RT_{10.000} = 20 \times 10.000 = 200.000$.

Como já vimos...

- Laji = RT − CT;
- custo total = CF + CV × Q.

Se

- custo fixo = R$ 75.000;
- CV = R$ 5 por livro;

então,
o CT para cada situação é:

- $CT_{5.500} = 75.000 + 5 \times 5.500 = 102.500$;
- $CT_{7.500} = 75.000 + 5 \times 7.500 = 112.500$;
- $CT_{10.000} = 75.000 + 5 \times 10.000 = 125.000$;

e o Laji para cada situação é:
- $Laji_{5.500} = RT_{5.500} - CT_{5.500} = 110.000 - 102.500 = 7.500$;
- $Laji_{7.500} = RT_{7.500} - CT_{7.500} = 150.000 - 112.500 = 37.500$;
- $Laji_{10.000} = RT_{10.000} - CT_{10.000} = 200.000 - 125.000 = 75.000$.

Como as despesas financeiras totalizam R$ 15.000 (= valor fixo) e *Lair* = Laji - despesas financeiras, temos que:
- $Lair_{5.500} = Laji_{5.500} - DF_{5.500} = 7.500 - 15.000 = -7.500$;
- $Lair_{7.500} = Laji_{7.500} - DF_{7.500} = 37.500 - 15.000 = 22.500$;
- $Lair_{10.000} = Laji_{10.000} - DF_{10.000} = 75.000 - 15.000 = 60.000$.

A *alavancagem financeira*, então, é:
- $GAF_{5.500} = Laji_{5.500} \div Lair_{5.500} = 7.500 \div (7.500) = -1$;
- $GAF_{7.500} = Laji_{7.500} \div Lair_{7.500} = 37.500 \div 22.500 = 1,667$;
- $GAF_{10.000} = Laji_{10.000} \div Lair_{10.000} = 75.000 \div 60.000 = 1,25$.

Concluindo...

Para a quantidade de 5.500 exemplares, o GAF é negativo, o que significa que as despesas financeiras são maiores que o lucro operacional e, portanto, extremamente relevantes para a empresa.

À medida que as vendas aumentam, o GAF diminui, como esperado.

Assim:

Para 7.500 exemplares, o GAF da empresa é de 1,667; já para 10 mil exemplares vendidos, o GAF cai para 1,25.

Capítulo 4

Controle e planejamento

Neste capítulo, trabalharemos com os conceitos de *planejamento financeiro* e *sistemas de informação e controle*, fundamentais para a saúde financeira de uma empresa, sobretudo no ambiente competitivo de hoje. Mensurar os principais indicadores financeiros e implantar sistemas de informação e controle é condição para uma empresa definir a melhor estratégia para alcançar as metas estabelecidas. Isto porque a administração poderá investir em um bom planejamento financeiro a partir do retorno dado pelos indicadores, já que estes têm por função fornecer subsídios para as decisões estratégicas da empresa. Vamos ainda traçar cenários e relacioná-los às condições de mercado, pois essa ferramenta de análise estabelecerá as bases para que o administrador possa definir estratégias de mudança caso necessário.

Controle e planejamento financeiro

Todos os conceitos, indicadores e formas de administrar financeiramente a empresa somente são úteis se forem utilizados.

Apesar de isso parecer óbvio, é grande o número de empresas que nunca desenvolveram sistemas de informação e controle para permitir a mensuração desses indicadores e, assim, implementar políticas de ajuste a eventuais problemas.

> **COMENTÁRIO**
> Embora possa parecer que esse tipo de negligência somente ocorra em empresas de pequeno porte, muitos dos exemplos da literatura referem-se a empresas com vendas na casa de milhões de reais ou dólares. É muito comum, entre esses casos, o de empresas que nasceram miúdas e cresceram rapidamente, mantendo uma estrutura de gestão familiar e distante das práticas sensatas de controle.

A administração financeira tem por objetivo controlar processos que permitam à empresa maximizar seu lucro e aumentar sua rentabilidade.

Dessa forma, todos os indicadores (GAO, GAF, os diferentes pontos de equilíbrio etc.) são úteis para permitir uma administração financeira eficiente dos recursos da empresa.

Vejamos o caso de um sistema contábil como o descrito na figura 21.

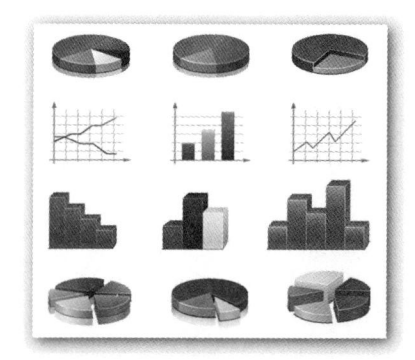

FIGURA 21: RECEBIMENTOS DE DESEMBOLSOS DE CAIXA
SISTEMA DE PROCESSAMENTO DE TRANSAÇÕES

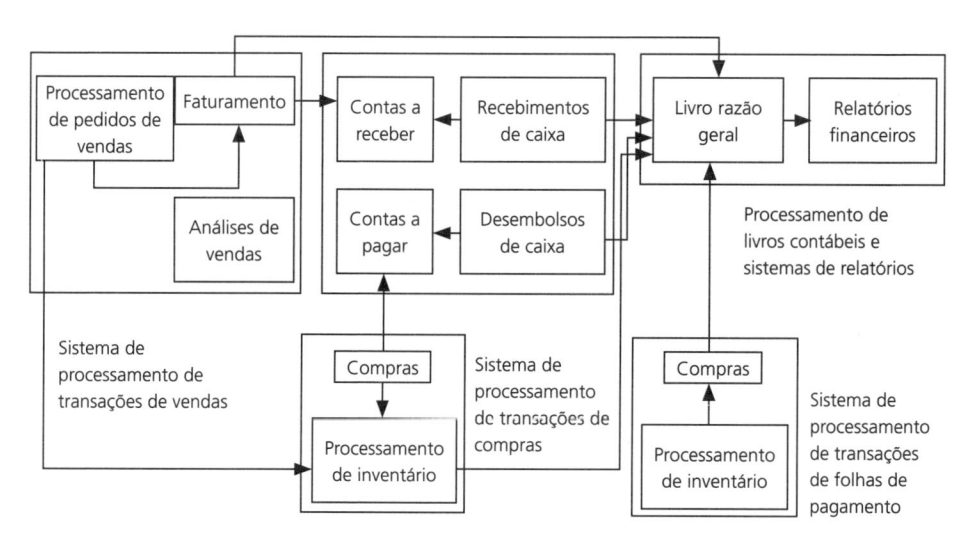

Fonte: O'Brien (2001).

Um sistema de informação contábil como o de O'Brien deve permitir ao analista uma visualização completa dos fluxos da empresa.

Relatórios derivados das operações da empresa servem para mostrar os indicadores principais de administração financeira. Estes, por sua vez, servem de subsídio para as decisões, tomadas pela administração da empresa, sobre o planejamento financeiro.

> **COMENTÁRIO**
>
> A ideia de planejamento e controle financeiro, então, é a de que é essencial para a empresa mensurar os principais indicadores financeiros e implementar controles de forma a manter esses indicadores dentro de metas preestabelecidas. Uma empresa alavancada financeiramente, com um GAF em torno de 2, pode planejar, para o próximo ano, uma meta para reduzir esse indicador para 1,75.

Isso só é possível, contudo, se a empresa manter o controle dos processos financeiros de forma a poder obter esse indicador e também informações que permitam a tomada de decisão por parte da administração.

Processos de controle e planejamento podem mudar a administração financeira de uma empresa. À medida que ela começa a conhecer sua escala mínima de produção e vendas, seus graus de alavancagem e suas necessidades de financiamento de CCL, pode avaliar as necessidades financeiras e impedir restrições futuras que inviabilizem seu funcionamento [= da empresa].

Demonstrações financeiras projetadas

Um exemplo das mudanças resultantes da adoção de sistemas de controle e planejamento está na construção, bem como na utilização de demonstrações financeiras projetadas (DFP).

A ideia por trás do uso das DFP é permitir ao administrador acompanhar a evolução dos indicadores financeiros da empresa.

Quando o administrador analisa uma projeção de demonstração financeira, está tentando visualizar que variáveis são importantes para a empresa e quais os problemas que podem surgir e, por conseguinte, requerer atenção por parte do gestor.

Toda projeção tem início na previsão das vendas da empresa (Ross e colaboradores, 2000), dado que as receitas da empresa são extremamente importantes e, das variáveis projetadas, as mais incertas. Isso porque as vendas não dependem somente do planejamento, mas também do ambiente de mercado no qual a empresa está inserida.

> **EXEMPLO**
>
> A entrada de novos concorrentes, as mudanças nos gostos do consumidor, as alterações na renda dos indivíduos, entre outros fatores, podem alterar as vendas da empresa, além de afetar o preço do(s) produto(s).

Dessa forma, *previsão de vendas* é o primeiro e o mais difícil passo na construção de qualquer DFP.

Uma estratégia simples para resolver esse problema é atribuir uma taxa de crescimento à empresa. Normalmente, dentro do planejamento, são determinadas metas de crescimento de longo prazo para a empresa.

Nesse caso, a estratégia seria transpor essa meta de longo prazo e estimar um crescimento linear para a empresa ao longo do tempo.

Uma empresa que espera crescer 5% ao ano, nos próximos 15 anos, pode estimar que as vendas do ano seguinte crescerão esses mesmos 5% ao ano.

Embora essa estratégia seja simples e intuitiva, deve-se considerar que nenhuma empresa consegue manter um crescimento linear constante ao longo dos anos, visto que, como observado, mudanças no(s) mercado(s) em que a(s) empresa(s) atua(m) normalmente levam a resultados diferentes dos previstos.

Essa é a razão pela qual, muitas vezes, empresas contratam consultorias para mapear o mercado e determinar estimativas mais realistas para suas vendas.

De outra forma, quando a empresa determinava quais estratégias de financiamento para o capital circulante líquido poderiam ser empregadas, se conservadoras ou arrojadas, o que ela [= a empresa] fazia, na verdade, era traçar estratégias baseadas em uma DFP, no caso, na projeção de ativo e passivo circulantes.

Além das projeções das necessidades de caixa, já vistas no capítulo 1, que trata da administração de capital de giro, a projeção mais comum utilizada é a da demonstração do resultado do exercício (DRE), dado que projetar a DRE significa visualizar os fluxos futuros de entradas (na) e saídas da empresa. Mais ainda, significa que é possível visualizar cada fluxo dada sua origem, seja produtiva ou financeira, por exemplo.

Normalmente, projeta-se a DRE, como observado, a partir da previsão de vendas da empresa.

Tome-se a DRE da empresa Natura Cosméticos S/A para o ano de 2004, como visto no capítulo de análise das demonstrações contábeis, apresentada no quadro 6.

QUADRO 6: DRE DA NATURA COSMÉTICOS PARA O ANO DE 2004

Código da conta	Descrição da conta	1-1-2004 a 31-12-2004 (em R$/2004)	AH%* 04-03
3.01	Receita bruta de vendas e/ou serviços	2.539.657	15,5
3.02	Deduções da receita bruta	-769.993	15,1
3.03	Receita líquida de vendas e/ou serviços	1.769.664	15,7
3.04	Custo de bens e/ou serviços vendidos	-575.260	9,0
3.05	Resultado bruto	1.194.404	19,2
3.06	Despesas/receitas operacionais	-798.963	8,5
3.06.01	• com vendas	-570.899	19,5
3.06.02	• gerais e administrativas	-225.322	0,5
3.06.03	• financeiras	-2.742	-92,1
3.07	Resultado operacional	395.441	49,1
3.08	Resultado não operacional	-868	-151,8
3.09	Resultado antes de tributações/participações	394.573	47,9
3.10	Provisão para IR e contribuição social	-87.102	87,5
3.15	Lucro/prejuízo do exercício	300.294	308,5

* AH = Análise horizontal.

Uma forma de estabelecer a projeção da DRE é determinar um percentual de crescimento da empresa. O problema é que isso significaria que todas as variáveis caminhariam juntas e cresceriam em proporções similares, o que não ocorre de fato.

Como pode ser visto na última coluna da tabela, a receita cresceu cerca de 15% de 2003 para 2004, mas os custos cresceram somente 9%, o que gerou um aumento no resultado bruto de 19,2%.

Mais expressivas são as diferentes alterações na composição das despesas operacionais. Enquanto as despesas com vendas cresceram 19,5%, as despesas financeiras apresentaram um decréscimo de 92,5%!

No final, o resultado operacional cresceu 49,1%, um valor totalmente diverso dos anteriores (= percentuais relativos às receitas e aos custos).

A lição principal deste exemplo é a de que a criação de uma DFP deve passar por uma análise criteriosa sobre as perspectivas de crescimento que compõem a DRE.

Uma maneira de fazer isso é traçar cenários. Para uma projeção, mesmo assumindo um crescimento linear das principais variáveis, poderia ser traçado um cenário pessimista, um cenário neutro e um cenário otimista.

Por exemplo, um cenário pessimista poderia contemplar um crescimento negativo nas vendas de 3%, com pressões nos custos que implicariam um aumento de 2%, com aumento nas despesas financeiras de 5%.

Esse cenário poderia proporcionar uma forma de a empresa visualizar como ficariam seus dados financeiros e seus lucros caso a situação do ano considerado fosse particularmente ruim.

Ademais, caso a empresa concluísse ser significativa a probabilidade de tal cenário se realizar, poderiam ser tomadas decisões protetivas, como uma renegociação de sua dívida que alongasse o prazo de pagamento e, por conseguinte, aliviasse as pressões de pagamentos de despesas financeiras para o próximo ano.

De outra forma, se, mesmo com esse cenário, a empresa mantivesse indicadores sólidos de liquidez de curto prazo e de rentabilidade, poderia continuar a planejar seu crescimento ainda que com um cenário ruim no curto prazo.

A utilização de um cenário estável visa analisar o comportamento da empresa caso a situação de mercado não se modifique. É quase como se o cenário futuro fosse uma repetição da situação atual da empresa e o benefício está em permitir ao administrador montar estratégias de mudanças.

Se a probabilidade desse cenário for alta, a ideia é verificar que estratégias poderiam ser empregadas para melhorar a situação da empresa caso o mercado continue estável. A empresa pode vender mais ao diferenciar um produto para lançar nova versão no mercado, hipótese em que estaria alcançando um novo nicho de mercado em uma situação de estabilidade que lhe permitisse antecipar quaisquer eventualidades.

Um cenário otimista tem como utilidade obrigar o administrador a tomar decisões relevantes sobre o destino da empresa. Caso haja a perspectiva de resultados significativos, passa a ser responsabilidade do administrador decidir se:

- distribuirá os lucros sob a forma de dividendos;
- antecipará decisões de investimentos em linhas de produtos complementares;
- reforçará o caixa da empresa para eventualidades;
- aproveitará para expandir a produção atual;
- reforçará a pesquisa e o consequente desenvolvimento da empresa;
- aumentará os investimentos em marketing.

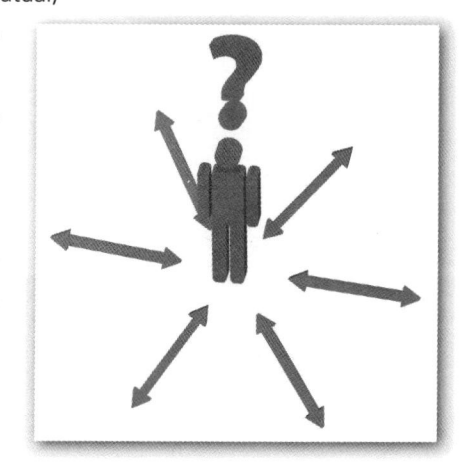

Enfim, o administrador também pode combinar os itens anteriores como achar melhor. Pode decidir reforçar a pesquisa e expandir a produção *ou* investir mais em marketing e reforçar o caixa da empresa, por exemplo.

Um cenário otimista serve para preparar o administrador para tomar decisões sobre o que fazer com possíveis resultados extraordinários que a empresa venha a obter.

Como exemplos, serão construídas projeções para os três cenários na empresa Colan, cuja DRE se encontra no quadro 7.

QUADRO 7: DRE DA EMPRESA COLAN (2005)

Descrição da conta	2005 (em R$)
Receita líquida de vendas e/ou serviços	2.000.000
Custo de bens e/ou serviços vendidos	-1.000.000
Resultado bruto	1.000.000
Despesas com vendas	-400.000
Despesas gerais e administrativas	-200.000
Despesas financeiras	-200.000
Resultado operacional	200.000
Provisão para IR e contribuição social	-20.000
Lucro/prejuízo do exercício	180.000

O cenário pessimista

A construção desse cenário implica arbitrar dados que mostrem uma situação adversa para a empresa.

Os valores vão depender das expectativas da empresa: uma empresa agrícola pode ter como resultado variações muito grandes no seu preço de venda, enquanto em outras empresas os preços são mais estáveis e as vendas também.

No exemplo da empresa Colan, um cenário pessimista poderia apresentar:

- queda no valor das vendas de até 5%;
- pressão nos custos que os elevariam em até R$ 50.000.

Além disso, para completar:

- as despesas financeiras cresceriam 10%, devido ao pagamento de juros antecipados;
- a provisão para o IR seria de 10% sobre o resultado operacional.

A DRE dessa empresa teria como resultado para 2006 os valores do quadro 8.

QUADRO 8: DRE DA EMPRESA COLAN NUM CENÁRIO PESSIMISTA (2006)

Descrição da conta	2006 (em R$)
Receita líquida de vendas e/ou serviços	1.900.000
Custo de bens e/ou serviços vendidos	-1.050.000
Resultado bruto	850.000
Despesas com vendas	-400.000
Despesas gerais e administrativas	-200.000
Despesas financeiras	-220.000
Resultado operacional	30.000
Provisão para IR e contribuição social	-3.000
Lucro/prejuízo do exercício	27.000

A receita da empresa caiu de R$ 2.000.000 para R$ 1.900.000 (5%), enquanto os custos aumentaram em R$ 50.000, passando de R$ 1.000.000 para R$ 1.050.000. O resultado bruto, por conseguinte, caiu para 850.000. Como nada foi dito sobre despesas gerais, administrativas e com vendas, os valores foram mantidos, e o valor das despesas financeiras subiu de R$ 200.000 para R$ 220.000 (10%). Com isso, o resultado operacional caiu para 30.000 e, com a provisão de 10% para o IR, o lucro do exercício caiu para R$ 27.000.

Neste cenário, então, os resultados da empresa foram muito inferiores aos do ano anterior – note-se que o lucro do exercício caiu de R$ 180.000 para R$ 27.000, uma redução drástica, portanto.

Contudo, mesmo em tal cenário, a empresa manteve-se lucrativa, de modo que ela estaria preparada para enfrentar um cenário pessimista sem maiores sobressaltos, a não ser pela (bem) menor lucratividade.

O cenário estável

A construção desse cenário implica arbitrar dados que mostrem uma situação de estabilidade para as contas da empresa.

Mais uma vez, os valores vão depender das expectativas da organização.

Caso haja um planejamento de longo prazo com perspectivas de crescimento de 5%, por exemplo, pode-se utilizar esse valor para prever o crescimento de todas as contas da DRE, exceto o IR, que continua sendo 10% do resultado operacional no exemplo.

A DRE dessa empresa teria como resultado para 2006 os números do quadro 9.

QUADRO 9: DRE DA EMPRESA COLAN NUM CENÁRIO ESTÁVEL (2006)

Descrição da conta	2006 (R$)
Receita líquida de vendas e/ou serviços	2.100.000
Custo de bens e/ou serviços vendidos	-1.050.000
Resultado bruto	1.050.000
Despesas com vendas	-420.000
Despesas gerais e administrativas	-210.000
Despesas financeiras	-210.000
Resultado operacional	210.000
Provisão para IR e contribuição social	-21.000
Lucro/prejuízo do exercício	189.000

Como pode ser visto, a receita da empresa aumentou de R$ 2.000.000 para R$ 2.100.000 (5%), mesmo percentual de aumento dos custos e despesas gerais, administrativas, financeiras e com vendas.

Com isso, o resultado operacional aumentou para 210.000 e, com a provisão para o IR de 10%, o lucro do exercício aumentou para R$ 189.000, ambos os valores bem próximos dos antigos, de R$ 200.000 e R$ 180.000, respectivamente. Neste cenário, então, os resultados da empresa foram similares aos do ano anterior.

Nesse caso, as decisões do administrador incluem determinar se tal cenário é compatível com as expectativas da empresa, pois, se houver planejamento para um crescimento rápido, uma situação de estabilidade pode ser ruim.

Por outro lado, se as ameaças do ambiente externo forem muito grandes, uma situação de estabilidade pode ser desejável.

O cenário otimista

A construção desse cenário implica arbitrar dados que mostrem uma situação de expansão para a empresa.

Assim como nos outros casos, os valores vão depender das expectativas da organização. No exemplo abaixo, estimou-se um crescimento nas vendas de 15%, com um aumento menor nos custos, de 8%.

> **COMENTÁRIO**
>
> É possível que a receita da empresa cresça acima dos custos. Por exemplo, um aumento de preços implica aumento de receita sem nenhum correspondente aumento nos custos. É importante lembrar ainda que os custos da empresa são divididos em fixos e variáveis. Caso a empresa tenha capacidade ociosa, um aumento na produção e nas vendas aumenta somente a parcela variável dos custos, o que significa um aproveitamento de escala de produção. Inversamente, existem situações nas quais os custos aumentam acima da receita. Em um mercado extremamente competitivo, um aumento de impostos vai representar uma pressão sobre os custos, e o mercado pode manter o preço do produto estável ou com uma alta abaixo do aumento dos custos. Em resumo, parte da variação de receitas vai depender do mercado de consumo da empresa, enquanto parte da variação de custos vai depender dos mercados de fatores de produção da empresa. Como os mercados podem caminhar de forma diferente, receita e custos podem apresentar variações contrárias.

As despesas vão aumentar, mas somente 5%. O IR continua sendo 10% do resultado operacional. A DRE dessa empresa teria como resultado para 2006 os números do quadro 10.

QUADRO 10: DRE DA EMPRESA COLAN NUM CENÁRIO OTIMISTA (2006)

Descrição da conta	2006 (R$)
Receita líquida de vendas e/ou serviços	2.300.000
Custo de bens e/ou serviços vendidos	-1.080.000
Resultado bruto	1.220.000
Despesas com vendas	-420.000
Despesas gerais e administrativas	-210.000
Despesas financeiras	-210.000
Resultado operacional	380.000
Provisão para IR e contribuição social	-38.000
Lucro/prejuízo do exercício	342.000

Como se observa, a receita da empresa aumentou de R$ 2.000.000 para R$ 2.300.000 (15%), e os custos apenas 8% (de R$ 1.000.000 para R$ 1.080.000).

As despesas gerais, administrativas, financeiras e com vendas aumentaram 5%. Com isso, o resultado operacional aumentou para 380.000 e, com a provisão para o

IR de 10%, o lucro do exercício aumentou para R$ 342.000, um valor significativamente superior aos R$ 180.000 originais.

Neste cenário, então, os resultados da empresa foram significativamente superiores aos do ano anterior.

Nesse caso, as decisões do administrador incluem determinar o impacto deste cenário sobre a empresa, dado que o lucro, maior que o do ano anterior, pode ser utilizado para vários fins, desde remunerar os acionistas até antecipar decisões de investimento.

A construção desses cenários permitiu a visualização do comportamento das contas para a administração financeira da empresa.

Outras DFPs podem ser construídas, como: (i) os *fluxos de caixa*, como já visto no capítulo 1, que trata da administração do capital de giro; (ii) os *balanços patrimoniais* e (iii) as *demonstrações financeiras*, por exemplo.

Na verdade, índices e demonstrações contábeis podem ser projetados; no entanto, é preciso que haja critérios para a construção de cenários, ou seja, deve-se ter cuidado na hora de determinar como se espera que se comportem as variáveis que estão sendo projetadas, para que a projeção tenha valor para a análise do administrador.

Bibliografia

BRAGA, Roberto. *Fundamentos e técnicas de administração financeira*. São Paulo: Atlas, 1995.

GITMAN, L. *Princípios de administração financeira*. 7. ed. São Paulo: Harbra, 2002.

HOJI, M. *Administração financeira*: uma abordagem prática. São Paulo: Atlas, 1999.

LEONE, George S. Guerra; LEONE, Rodrigo J. Guerra. A análise do ponto de equilíbrio: um instrumento contábil cheio de simplificações. *Revista do Conselho Regional de Contabilidade do Rio Grande do Sul*, Porto Alegre, n. 110, nov. 2002.

O'BRIEN, J. *Sistemas de informação e decisões gerenciais na era da internet*. 9. ed. Rio de Janeiro: Saraiva, 2001.

ROSS et al. *Administração financeira*: corporate finance. São Paulo: Atlas, 2000.

Sobre o autor

Rodrigo Mariath Zeidan é doutor em economia pela Universidade Federal do Rio de Janeiro (UFRJ) e, atualmente, é professor horista da Escola Brasileira de Administração Pública e de Empresas (Ebape/FGV) e professor do mestrado em administração da Universidade do Grande Rio. Tem experiência nas áreas de economia industrial, metodologia e finanças, com atuação nos seguintes temas – economia industrial aplicada, governança corporativa, finanças corporativas, comércio internacional, história econômica e complexidade, entre outros. Possui diversas publicações e participações em eventos nacionais e internacionais, tendo sido convidado para ministrar palestras em universidades de renome internacional, como La Sapienza, em Roma, e Adelphi University, nos EUA.

Impressão e acabamento:

Grupo SmartPrinter
Soluções em impressão